KB093538

코젤렉의 개념사 사전 11

위기

코젤렉의
개념사 사전 11

위기
Krise

Krise

라인하르트 코젤렉 지음

라인하르트 코젤렉·오토 브루너·베르너 콘체 엮음

한림대학교 한림과학원 기획

원석영 옮김

푸른역사

일러두기

· 이 책은 오토 브루너Otto Brunner · 베르너 콘체Werner Conze · 라인하르트 코젤렉Reinhart Koselleck이 엮은 《역사적 기본 개념: 독일 정치 · 사회 언어 역사사전*Geschichtliche Grundbegriffe. Historisches Lexikon zur politisch-sozialen Sprache in Deutschland*》(Stuttgart: Klett-Cotta, 1972~1997) 중 〈위기Krise〉(제3권, 1982, pp.617~650)항목을 옮긴 것이다. 라인하르트 코젤렉Reinhart Koselleck이 집필했다.

· 미주는 저자, 각주는 옮긴이의 것이다. 각주로 처리된 옮긴이 주의 경우 주석 앞에 [옮긴이] 표기를 했다.

· 이 책은 2018년 대한민국 교육부와 한국연구재단의 지원을 받아 간행되었다(NRF- 2018S1A6A3A01022568).

번역서를 내면서

●●● 《코젤렉의 개념사 사전》(원제는 《역사적 기본 개념 *Geschichtliche Grundbegriffe*》)은 독일의 역사학자 라인하르트 코젤렉 Reinhart Koselleck(1923~2006)이 오토 브루너Otto Brunner, 베르너 콘체Werner Conze와 함께 발간한 '독일 정치·사회 언어 역사사전 Historisches Lexikon zur politisch-sozialen Sprache in Deutschland'입니다. 이 책은 총 119개의 기본 개념 집필에 역사학자뿐 아니라 법학자, 경제학자, 철학자, 신학자 등이 대거 참여한 학제 간 연구의 결실입니다. 또한 1972년에 첫 권이 발간된 후 1997년 최종 여덟 권으로 완성되기까지 무려 25년이 걸린 대작입니다. 독일 빌레펠트대학의 교수였던 코젤렉은 이 작업을 기획하고 주도했으며, 공동 편집자인 브루너, 콘체가 세상을 떠난 후 그 뒤를 이어 책의 출판을 완성했습니다.

《코젤렉의 개념사 사전》이 가진 의의는 작업 규모나 성과물의 방대함뿐만 아니라 방법론적 혁신성에도 있습니다. 기존의 개념사가 시대 배경과 역사적 맥락을 초월한 순수 관념을 상정하고 그것의 의미를 밝히는 데 치중했다면, 《코젤렉의 개념사 사전》은 정치·사회적 맥락 속에서 전개되는 의미의 변화 양상에 주목합니다. 따라서 코젤렉이 말하는 '개념'은 '정치·사회적인 의미연관들로 꽉 차 있어서, 사용하면서도 계속해서 다의적多義的으로 머무르는 단어'입니다. '기본 개념'은 그 중에서도 특히 정치·사회적인 현실과 운동에 강력한 영향력을 행사한 개념을 가리킵니다.

나아가 《코젤렉의 개념사 사전》은 근대성에 대한 깊은 성찰을 담고 있습니다. 코젤렉은 1750년부터 1850년까지 유럽에서 개념들의 의미에 커다란 변화가 나타나, 근대 세계와 그 이전을 나누는 근본적인 단절이 발생했음에 주목했습니다. 이러한 단절을 그는 '말안장 시대' 또는 '문턱의 시대'로 표현한 바 있습니다. 또한 코젤렉은 근대에 들어오면서 개념은 '경험 공간과 기대 지평'이라는 두 차원을 가진 '운동 개념'이 되었음을 드러냄으로써 근대성에 대한 물음을 성찰하도록 해주었습니다.

《코젤렉의 개념사 사전》은 방대한 기획과 방법론적 혁신성, 근대성에 대한 통찰을 담은 기념비적 저작이라는 면에서 광범위한 차원의 호평과 반향을 불러일으켰습니다. 또한 분과학문의 틀을 뛰어넘는 인문학적 역사 연구의 전망을 제시했다는 점에서 개념사 연구의 표본적 모델로 인정받고 있습니다. 개념사 연구가 비교적 늦은 한국 사회에도 이 책의 존재는 어느 정도 알려져 있습니다.

한림과학원은 2005년 《한국 인문·사회과학 기본 개념의 역사·철학사전》 편찬 사업을 시작하여 2007~2017년 인문한국(HK) '동아시아 기본 개념의 상호소통 사업'을 수행해왔습니다. 2018년부터는 인문한국플러스(HK⁺) '횡단, 융합, 창신의 동아시아 개념사'로 확장하여 동아시아 개념사 연구의 새로운 지평을 여는 데 기여하고자 합니다. 전근대부터 근대를 거쳐 현대에 이르기까지 동아시아에서 개념이 생성, 전파, 상호 소통하는 양상을 성찰하여, 오늘날 상생의 동아시아 공동체 형성을 위한 소통적 가능성을 발견하는 것이 이 사업의 목표입니다. 《코젤렉의 개념사 사전》의 번역은 우리나라에서 처음 시도하는 작업으로, 유럽의 개념사 연구 성과를 정확하게 이해하는 데 필수적입니다. 그 결과물로 2010년 1차분 〈문명과 문화〉, 〈진보〉, 〈제국주의〉, 〈전쟁〉, 〈평화〉, 2014년 2차분 〈계몽〉, 〈자유주의〉, 〈개혁과 (종교)개혁〉, 〈해방〉, 〈노동과 노동자〉를 내놓았습니다. 이어서 이번에 3차분 〈위기〉, 〈혁명〉, 〈근대적/근대성, 근대〉, 〈보수, 보수주의〉, 〈아나키/아나키즘/아나키스트〉를 내놓습니다. 이를 계기로 개념사 연구에 대한 관심이 더욱 높아지고, 개념사 연구방법론을 개발하는 시도가 왕성해지기를 바랍니다.

2019년 2월

한림대학교 한림과학원 원장 김용구

CONTENTS

라인하르트 코젤렉 Reinhart Koselleck(1923~2006)

1954년에 하이텔베르크대학에서 박사학위를 받은 후 영국의 브리스톨대학, 하이델베르크대학, 보쿰대학을 거쳐 1973년 빌레벨트Bielefeld대학에 정식 교수로 임명되었다. 역사학 이론, 개념사, 사회사 등 여러 영역에 걸쳐 지대한 업적을 낸 20세기 역사학계의 거목이다.

서론

고대 그리스에서 '위기Krisis' 개념은 법률과 신학과 의학 분야에서 비교적 분명하게 구분될 수 있는 의미를 지니고 있었다. 이 개념은 엄격한 양자 택일을 요구했다. 옳음 아니면 그름, 구원 아니면 벌, 삶 또는 죽음. 그러나 근대에 들어서기 전까지 그 개념은 거의 예외 없이 의학적인 의미로만 사용되었다.

CHAPTER Ⅰ

Einleitung
Ⅰ. 서론

●●●　　　고대 그리스에서 '위기Krisis' 개념은 법률과 신학
과 의학 분야에서 비교적 분명하게 구분될 수 있는 의미를 지니고
있었다. 이 개념은 엄격한 양자 택일을 요구했다. 옳음 아니면 그
름, 구원 아니면 벌, 삶 또는 죽음. 그러나 근대에 들어서기 전까지
그 개념은 거의 예외 없이 의학적인 의미로만 사용되었다. 마치 의
학 개념이듯이 말이다. 17세기 이후 먼저 서유럽에서, 그 후 독일에
서, 이 개념의 은유적인 의미 확장이 정치학, 심리학, 경제학, 그리
고 마침내 역사학에서까지 이루어졌다. 그러나 18세기 말경 세속
적인 해석을 거쳐 혁명적인 사건들에 적용된 최후의 심판이라는 의
미에서의 신학과 종교적 색채가 이 개념에 다시 가미되었다. 이러
한 은유적 다의성과 유연성으로 인해 이 개념은 빛을 발하기 시작
했으며, 일상언어 속으로 침투해 표어가 되었다. 이 말의 도움 없이
결정적인 악센트가 가해질 수 있는 삶의 영역이란 우리 세기에 거

의 없다.

　대략 1780년 이후부터 역사학에서 '위기Krise'는 새로운 시대 경험에 대한 표현이자 시대 변혁의 요소와 지표가 되었으며, 사용 빈도를 감안한다면, 그 정도가 실제로는 훨씬 더 강했을 것이 틀림없다. 하지만 '위기'라는 말은 그것에 따라붙는 감정들만큼이나 다층적이고 불분명한 상태로 남아있다. 연대기적인 의미로 파악할 때, '위기'는 지속을 가리키며, 이것은 단기적 혹은 장기적인, 그리고 더 나은 상태로 또는 더 나쁜 상태로의 과도기를, 또는 전혀 다른 어떤 상태로의 전환기를 가리킨다. '위기Krisis'라는 말은 경제학에서처럼 자신의 귀환을 알릴 수도 있고, 심리학이나 신학에서처럼 실존적 해석의 모범이 될 수도 있다. 역사적 탐구와 해석은 제시된 모든 사례에 참여한다.

코젤렉의
개념사 사전 6
계몽
Auf
klä
rung

고대 그리스어에서의 사용

그리스어 '위기Κρίσις' 개념은 "나누다", "선택하다", "판단하다", "결정하다", "겨루다", "싸우다", "전쟁하다"라는 의미를 지닌 '크리노κρίνω'라는 동사에서 유래했다. '위기Krisis' 개념의 의미가 확장될 수 있는 폭이 매우 큰 이유가 그 때문이다.

CHAPTER II

Zur griechischen Wortverwendung

II. 고대 그리스어에서의 사용

●●● 1) 고대 그리스어의 '위기Κρίσις' 개념은 "나누다", "선택하다", "판단하다", "결정하다", "겨루다", "싸우다", "전쟁하다" 라는 의미를 지닌 '크리노κρίνω'라는 동사에서 유래했다. '위기 Krisis' 개념의 의미가 확장될 수 있는 폭이 매우 큰 이유가 그 때문이다. 그리스어에서 이 개념은 중요한 정치학 개념들 가운데 하나였다. 그것은 "분열"과 "불화"를 의미했다. 하지만 최종 담판이라는 뜻의 "결정"을 의미하기도 했다. 투키디데스Thukydides는 페르시아 전쟁이 신속하게 결말이 나게 된 이유를 4개의 결정적인 전투에서 찾았는데, 이때 이 개념을 사용했다.[1]

'위기'라는 말은 확정판결과 유죄판결이라는 뜻의 "결정"도 의미했는데, 이 의미는 오늘날 '비판Kritik'의 영역에 속하는 것이다.[2] 결국 그리스어에서는 동일한 개념이 나중에 분리된 "주관적인" 비판과 "객관적인" 위기Krise라는 두 의미 영역을 담당한 셈이다. 이 두 의미 영역은 개념적으로 동일 어원에 묶여 있다. 무엇보다도 판결, 소송, 권리확정, 그리고 재판이라는 의미의 위기는 헌법적 정치체제의 높은 지위를 누리며, 이를 통해 시민 각자와 정치적인 공동체는 하나의 연합체가 된다. 따라서 "찬성과 반대"는 추후 내려질 결정에 대한 생각과 함께 그 개념에 항상 근원적으로 내재해있었다. 아리스토텔레스는 이런 식으로 그 말을 자주 사용했다.

법률상의 청구권으로서, 그리고 권리설정으로서의 Κρίσις는 시민공동체의 질서를 규정했다.[3] 이 개념은 무엇보다도 권리를 창출한다는 의미에서 정치적인 무게감을 획득한다. 이 개념은 선거를 통한 결정, 정부의 결의, 전쟁과 평화에 대한 결정, 사형제도와 형벌의 결정, 해명에 대한 검토, 단적으로 말해서, 정부 정책에 대한 결정을 목표로 한다. 이 때문에 공동체에서 가장 필요한 것은 모든 것에 대해 유익한 동시에 올바른 Κρίσις이다.[4] 이 때문에 판사직에 참여할 자격을 갖춘 자만이 시민이 될 수 있었다. 따라서 '위기 Krisis'는 상황에 따라 내려지는 올바른 결정들을 거쳐 올바름과 통치질서를 조율하는 중요한 개념이었다.

2) 《구약 70인 역》과 《신약》은 '위기Κρίσις' 개념의 법률적 의미를 모두 수용했다.[5] 그렇지만 새로운 차원의 의미가 점점 더 늘어났다. 신과 유대민족 간의 전통적인 계약에 따르면, 세속적인 법정은 유대민족의 지배자이자 재판관인 신과 관련이 있다. 재판 과정에 선서가 포함된 것은 바로 그 때문이다. 더 나아가 이 개념은 묵시록에 따른 기대의 결과로도 중요한 의미를 갖는다. 세계의 종말에 나타

날 위기Κρίσις는 그때까지 감추어져 있던 참된 정의를 드러내게 될 것이다.

　기독교인들은 최후의 심판이라는 기대감을 가지고 살고 있었다. 시간과 장소와 날짜는 알려져 있지 않았지만, 최후의 심판에 대한 확신만은 분명했다.[6] 그것은 누구에게나 해당되는 일이다. 경건한 자들이건, 믿음이 없는 자들이건, 살아있는 자들이건 죽은 자들이건 말이다.[7] 그 심판은 재판으로 이어진다.[8] 요한Johannes은 신자들에게 그들이 신의 말씀에 따른다면 이미 구원된 것이라고 예언함으로써, 최후의 심판에 대한 확신 이상으로 나아갔다.[9]

　다가오는 위기Krisis가 우주적인 사건으로 남아있지만, 그것은 영원한 삶으로의 해방을 보장하는 은혜의 확신 속에서 선취된다. 신의 심판이 예수의 고지告知를 통해 이미 저기에 있지만 아직 나타나지 않고 있다는 긴장 속에서 기대지평이, 즉 다가올 역사적인 순간을 신학적으로 특징짓는 기대지평이 그려진다. 묵시록은 믿음을 통해 선취되어 현재적인 것으로 경험된다. 위기가 우주적인 사건으로 아직은 미결인 상태로 남아있지만, 양심 속에서는 이미 실행된다.[10]

　3) 좁은 의미에서, 법률 개념으로서의 위기 개념의 영향사影響史는 최후의 심판에 대한 신학적인 가르침을 통해서만 진행된 반면, 그리스어에서의 보다 광범위한 사용은 근대 위기 개념의 의미 지평을 적잖이 밝혀준다.

　《히포크라테스 의학전서Corpus Hippocraticum》에서 유래하고 갈렌

Gallen(129~199)에 의해 대략 1,500년 동안 고착된 의학적인 위기 이론이 그렇다.[11] 병이 위기Krisis일 때는 관찰 가능한 증세뿐만 아니라 그 진행에 대한 판단, 즉 환자의 삶과 죽음이 결정되는 시기에 대한 판단이 중요하다. 이때 병의 진행에서 규칙성을 진단하려면, 발병일을 정확하게 확인하는 것이 중요하다. 이후, 위기Krise가 완치로 귀결되었는지 아닌지에 따라, 사람들은 완전한 위기와 재발을 배제할 수 없는 불완전한 위기를 구분했다. 급성 질환의 위기와 만성 질환의 위기의 구분은 — 갈렌 이후 — 병세 진행의 시간차에 따른 구분이 되었다.[12]

라틴어에 수용된 후 이 개념은 사회 정치 영역에서 은유적인 의미의 확장을 용인했다. 그것은 법률적 재판과 마찬가지로 결정으로 인도하는 과정의 개념이다. 그것은 결정이 예정되어 있지만 아직 내려지지 않은 기간을 의미했다.

그 이후 위기 개념에 이중적인 의미가 부여되었는데, 이는 정치 사회학 용어에도 보존되어 있다. 원인에 대한 학문적 논쟁이 일어나는 객관적인 결과는 그것을 진단하는 판단의 기준들에 의존해있다. 다른 한편으로는 질병 개념이 중요하다. 이 개념은 항상 그렇듯이 회복되어야 할 혹은 특정할 수 있는 기간 내에 사망하는 특정한 건강 상태를 전제로 한다.[13]

따라서 '위기Krisis'개념의 법률적, 신학적 그리고 의학적 사용은 마치 이 개념이 각 분야에 종속된 개념이듯 특수한 의미를 지녔다. 그리고 이러한 의미들은 다양한 방식을 통해서 근대 정치사회학적으로 사용될 수 있었다. 생사를 결정하는 선택들, 무엇이 옳고 그른지, 무엇이 구원을 가져오고 타락시키는지, 무엇이 건강을 회복시키고 무엇이 건강에 치명적인지 결정하는 선택이 항상 문제였다.

각국어로 수용

'위기' 개념이(목적격은 여전히 'crisin'인데) 이미 14세기에 프랑스어에서 의학용어였다는 것을 입증할 수 있으며, 영어에서는 1543년에, 그리고 독일어에서는 이와 마찬가지로 16세기에 그랬다는 것을 입증할 수 있다.

CHAPTER Ⅲ

Die Übernahme in die Nationalsprachen
Ⅲ. 각국어로 수용

●●● 　　　앞서 말한 세 분야에서의 라틴어 사용에 상응해
서, 라틴어 형태인 위기crisis가 (judicium과 함께) 각각의 영역들에 보
존되어 있다. 17세기에는 이 개념이 때때로 제목에도 등장한다.[14]
증거가 드물다는 것은 그 표현이 중요개념이 되지 못했다는 것을
뜻한다. 그렇게 되기 위해서는 먼저 각국어로 수용되어야 했다.

　'위기Krise' 개념이(목적격은 여전히 'crisin'인데) 이미 14세기에 프랑
스어에서 의학용어였다는 것을,[15] 영어에서는 1543년에,[16] 그리고
독일어에서는 이와 마찬가지로 16세기에[17] 그랬다는 것을 입증할
수 있다.

　고대부터 신체와 유기체는 은유적으로 공동체에 많이 적용되었
지만, 의학적 '위기 개념Krisenbegriff'은 17세기에 이르러서야 정체
내지 그 소속 기구들에 적용되기 시작한 것 같다. 러디어드Rudyerd
는 1627년에 절대왕권과 영국 의회 간의 싸움에 이 개념을 적용했

다. "이것은 의회의 위기Chrysis이다. 우리는 이를 통해 의회가 죽을지 살지 알게 될 것이다."[18] 이후 벌어진 내전 때 이 개념의 영어화가 이루어졌는데, 의학적인 의미와의 직접적인 연관관계는 사라지고, 신학에서 유래한 의미를 취한 것 같다. 1643년에 벨리에Baillie는 "이는 새로운 시대처럼 보이며, 가장 위대한 사건들의 위기crise이다"라고 했다.[19] 이 개념은 관철되었고 종교적인 의미를 통해 충전되었다. 1714년에 스틸Richard Steele은 자신의 휘그당 팸플릿 〈위기The Crisis〉를 출판했는데, 이로 인해 의원 자리를 잃었다. 팸플릿의 제목은 종교적인 악센트를 담고 있었는데, 자유와 예속간의 결정을 목표로 했다. 스틸은 구교도들에 의한 야만적인 범람에 대항하는 선구자를 영국에서 보았다.[20]

퓌르티에르Furetiére(1690년)에 따르면 프랑스에서도 위기 개념의 사용은 정치 분야로도 확장되었다.[21] 이에 조금 앞서 심리학 분야로 전파된 것처럼 말이다. 마찬가지로, 17세기 말 루드비히Ludwig XIV 시대에는 사람들이 이 개념을 통해 경제적인 어려움들을 포섭하였다. 1743년에 아르장송D'Argenson이 국내 정치 상황을 이 개념을 통해 파악한 것처럼 말이다.[22]

이에 조금 앞서 라이프니츠Leibniz 역시 북유럽 전쟁 기간에 상승기류를 탄 러시아제국의 기회와 위험을 진단하는 데 그 개념을 중요하게 사용했다. 비록 여전히 프랑스어를 사용했지만 말이다. "위기상황의 진행은 과도기에서 가장 소중한 것이다. 그리고 현재 유럽은 샤를마뉴 대제 이래 여름을 나고 있다. Momenta temporum pretiosissima sunt in transitu rerum. Et l'Europe est maintenant dans un état sw changement et dans une crise, où elle n'a jamais été depuis l'Empire de Charlemagne."[23] 라이프니츠는 러시아의 문명화를 오로지 칼 대제국의 정초와만 비교될 수 있는 세계사적 변혁으로 특징지었다. 이로써 이 개념은 역사철학적 차원으로 들어서게 됐는데, 이러한 차원에서의 이 개념의 의미는 18세기에 더 충전되어야만 했다.

이로써 영어와 프랑스어에서 그리고 독일어에서 이 개념의 사용은 국내외 정치경제 영역으로 확장되었고, 마침내 의학과 신학적인 배경을 지닌 의미가 제공한 역사학적인 차원을 획득했다.

사전 분야

사전들은 '위기[Krise]' 개념이 독일어에서는 프랑스혁명 이후에야 비로소 또한 어쩔 수 없

이 정치학적, 사회학적, 그리고 마침내 경제학적 개념으로 자리 잡았다는 것을 보여준다.

예외적인 것들을 무시하면 말이다.

CHAPTER IV

Die Wörterbuchebene
Ⅳ. 사전 분야

● ● ●　　　　사전들은 '위기Krise' 개념이 독일어에서는 프랑스혁명 이후에야 비로소 또한　어쩔 수 없이 정치학적, 사회학적, 그리고 마침내 경제학적 개념으로 자리잡았다는 것을 보여준다. 예외적인 것들을 무시하면 말이다.*

　1) 몇몇 사전들은 그리스어에서 이 개념이 사용된 의미만을 담고 있다. 《스틸러Stieler》(1695)에는 "판단, 지성, 숙고, 따라서 크리티카critica"라고 번역되어 있다. 1739년에 질병에만 그 말을 적용시켰던 휴브너Hübner는, 1742년에도 앞서 '비판'하에 논의되었던 의미만을 취했다. "인간에게는 어떠한 위기crisin도 없다, 다시 말해서

*[옮긴이] 이 항목의 집필자가 본문에서 사전의 '위기''항목을 지시할 때, 1) 사전 편찬자의 이름을 제시하는 경우도 있고, 2) '위기' 항목의 집필자의 이름을 제시하는 경우도 있는데, 이때 연도를 제시하는 경우도 있고 아닌 경우도 있다. 1)과 2)의 구분은 주에서 확인할 수 있다. 역자는 편의를 위해 2)도 《 》처리한 경우가 있다.

인간은 어떤 사안에 대해서도 절대 판단할 수 없다." 이는 스페란더Sperander나 제들러Zedler로부터 베껴온 것이다.[24]

2) 다수의 사전들은 의학적인 의미들만 담고 있다. 《휴브너Hübner》(1731), 《야블론스키Jablonski》(1748/1767)이 이에 해당한다. 보루두De Bordeu는 1754년도 《프랑스 대 백과사전》의 의학 개념사 항목에서 고대인들의 학설과 이에 대한 근대적 비판이라는 대립 구도 아래에 전문적 논의를 펼쳤다. 이는 1792년도 《체계적 백과사전Encyklopédie méthodique》에도 해당된다. 비록 아주 짧게 다루었지만, 1820년도 《브로크하우스Brockhaus》도 이 개념을 오로지 의학적인 의미로만 다루었다.[25] 1866년도 《브로크하우스》조차 이전 판들에 실렸던 다른 모든 의미들을 배제한 채, 오로지 의학적인 학설만을 소개했다. "오늘날 사람들은 고열의 신속한 감소를, 정상적인 체온으로의 신속한 감소를 위기Krisis라고 부른다. 그러한 열의 변화로부터 다른 모든 현상들이…… 설명되는 한, 그 개념은 사안의 핵심을 꿰뚫는 것이다."[26]

3) 많은 사전들은 초기 그리스어에서 그 말이 가지고 있던 확정 판결이라는 의미만을 간단하게 지시했는데, 이는 이후 의학적 위기 학설을 중점적으로 언급하기 위함이었다. 《포미Pomey》(1715), 《스페란더》(1727)가 이에 해당된다. 1733년도 《제들러》에는 이렇게 되어 있다. "오늘날 사람들은 위기Crisin를 자연의 치유 작용이라고 한다. 이 작용을 통해서 질병을 일으키는 요소들이 적절하고 특정한 분비물emunctoria을 통해 몸 밖으로 배출되고, 이로 인해 몸이 쇠퇴

와 질병으로부터 해방된다." 여기서 죽음이라는 선택지는 눈에 띄게 사라진 상태로 남아있다.[27] 1793년도 《하인제*Heinse*》에서도 의학적 사용이 우선적으로 다루어졌고, 이는 《브로크하우스》의 다른 판들에서도 마찬가지다.[28]

4) '위기crisis' 개념의 법률적, 무엇보다도 신학적 의미는 18세기 학자들과 19세기 교양인들을 위한 사전들에는 반영되지 않았다. 많은 학자들이 이러한 의미들에 대한 지식을 갖추고 있다는 것을 전제해야 하지만, 일차적으로 이 개념의 의학적 사용이 정치 경제 분야로의 은유적인 확장을 위한 동기를 제공한 것 같다. 《아델룽*Adelung*》은 이 개념을 전혀 기록하지 않았고, 《로텍/벨커*Rotteck/Welcker*》나 《블룬칠리*Bluntschli*》도 이 개념에 어떤 항목도 별도로 배정하지 않았다. 문맥을 고려해볼 때, 당연히 이 개념을 사용했어야 했음에도 불구하고 말이다.[29]

5) 게다가 이 개념이 정치 경제 분야에까지 은유적으로 사용되었다는 것에 대한 지시나 일상 언어에서의 사용에 대한 지시조차도 비교적 드물었다.

《포미》는 이미 1715년에 "판단과 병세-변동" 이외의 세 번째 의미로서 다음을 끌어들인다. "사태가 정점에 이르렀다. *L'affaire est dans sa crise-res ad triarios rediit*".[30] 프랑스어에 대한 의존은 왜 18세기에 이 개념의 독일어화가 더디게 진행되었는지를 보여준다. 그러나 포미의 추종자들은 드물었다.

반면에 《존슨*Johson*》은 의학적 의미를 쫓아 "어떤 사태가 정점에 이르는 시점"이라고 기록했다.[31] 신조어를 전공한 《알레츠*Alletz*》는 1770년에 프랑스에서 처음으로 정치·군사적 의미만을 인용했다.[32]

《쿠퍼만*Kuppermann*》이 이미 오래전에 독일어에 수용된 세 가지 의미를 비로소 간결하게 제시했다. "병세의 변화, 결정적인 시점, 예사롭지 않은 상태." 《하인제*Heinse*》는 "동요動搖"를 추가했다.[33] 1806년도 《바이슐락*Beyschlag*》도 이와 유사하다. "병세의 변화, 상황의 예사롭지 않은 상태."[34] 그리고 같은 해에 나온 《외르텔*Oertel*》도 마찬가지였다. "Crisis, die Krisis"— 이는 철자법의 독일어화에 대한 최초의 증거인데 — 1) "결정적인 시점"(예를 들어 병세에 있어서), 2) "결정적인 징표……", 3) 결정적인 상황…… 상황의 예사롭지 않음."[35] 1813년도 《캄페*Campe*》도 이와 유사하다.[36] 이로써, 사전들을 고려했을 때, 이 개념의 의학적인 사용이 일반 언어로 탈바꿈 되었다. 하이제Heyse의 외국어 사전들은 "Krisis 또는 Krise"라는 표제어 아래 몇몇 보충 정의들을 제시함으로써 이를 확인해준다. 1873년에는 "민족과 국가의 삶에 있어서의" 위기와 "정치적인 병의 정점, 결정과 심판"을 함께 언급했다.[37] 1845년에 《브로크하우스》는 이 개념이 일반어로 편입되었다는 것을 최초로 기록했다. "일상에서 사람들은 '위기Krisis'라는 말로써 각각 혹은 일련의 사건들의 특정한 시점을, 즉 그것들의 결말을 규정하는, 그것을 받아들이는 전체에 전환을 불러일으키는 시점을 일컫는다." 같은 해에 《피러*Pierer*》는 "어떤 상태의 다른 상태로의 신속한 전환, 예를 들자면 국가 전복, 따라서 결정적인 순간, 결정적인 변화"를 추가로 지시한다.[38]

이로부터 독일 일상 언어에서의 은유적 확장은 경제학 언어가 아니라 정치학 언어를 통해 일어났다는 것으로 귀결될 수 있다. 《피러》는 1845년에 정치학적인 사용을 제시하지만, 경제학적 사용을 제시하지는 않는다. 같은 시기에 프랑스 사전은 이미 '상업적 위기 crise commerciale'를 '의학적 위기crise médecine'와 '정치적 위기crise politique'와 함께 각기 상세한 항목을 두고 다루었다.[39]

독일에서는 1850년도에 이르러서야 로셔Roscher가 《브로크하우스》에 실은 "특히 지난 수십 년간의 생산 위기들에 대한 현재"라는 항목과 함께 등장했다.[40] 전문용어에서는 오래전부터 사용된 국가 경제적 의미가, 독일 사전들에서는 1800년대 후반기에 와서야 비로소 독립적인 항목을 가지게 되었다.

블룬칠리Bluntschli는 "신용-Kredit"이라는 표어 아래 '위기Krise'도 분석했다. 바게너Wagener는 1862년에 이 개념을 경제학적, 정치학적, 사회학적, 그리고 세계사적으로 다룬 최초의 사전 편찬자였다. 피러는 1859년에는 "무역 위기들"에 대한 간결한 항목을, 1891년에는 아주 자세한 항목을 실었다. 이는 1884년과 1898년 《브로크하우스》에서도 마찬가지였다. 1931년에 이르러서야 경제학적인 의미가 "위기" 개념 아래 중점적으로 다루어졌다.[41]

1848년의 혁명과 1857년경의 세계 경제 위기가 주로 인문학 교육을 받은 사전 편찬자들로 하여금 이미 오래전에 경제 전문어와 일상어로 뿌리박은 그 개념의 사용을 기록하게 만들었다는 것은 분명하다.[42]

따라서 "위기" 개념은 그 다의성에도 불구하고 혹은 바로 그 때문에 결코 사회학·경제학·정치학 언어의 근본 개념으로 받아들여질 수 있을 정도로 명백하게 결정結晶화되지 못했다. 1872년도 《그림 Grimm 사전》에 이 개념이 아주 간략하게만 언급되었다는 것이 그러한 실상을 대변해준다. 이는 두 개의 인용으로만 이루어져 있는데 ─그중 하나는 괴테에서 인용된 것이다. "모든 과정들이 위기들이다, 그리고 위기는 병이 아닌가?"[43] 이러한 실상은 이 개념이 전문 언어 영역 밖에서는 주로 표어로 사용되었다는 추론을 가능하게 해준다. 물론 이 개념이 감정이나 기분상태를 표현하지 않았다는 것을 의미하는 것은 아니다. 그런 상태들은 보다 엄밀한 개념 규정을 기피했을 뿐이다. 사전事典적으로 지엽적인 것으로 보였던 것이 18세기 후반기의 일반적인 변혁 분위기의 절대적인 지표와 요소가 될 수 있었다.

정치학적 개념에서
역사철학적 개념으로;

18세기와 프랑스혁명

'위기' 개념의 외교·군사적 사용에 대한 초기 증거들은 프리드리히 대제에서 발견된다. 유

럽 국가들이 1740년의 오스트리아 왕위계승 전쟁에 전혀 대비하진 못하고 있었지만, 이미

이를 결정하고 마음을 굳혔을 때, 왕은 "그의 큰 계획을 실행하기 위한 '위기'를 슐레지엔

으로 진입하는 계기로 삼았다.

CHAPTER V

Vom politischen zum geschichtsphilosophischen Begriff; das 18. Jahrhundert und die Französische Revolution

V. 정치학적 개념에서 역사철학적 개념으로; 18세기와 프랑스혁명

1. 정치학적 사용

●●●   '위기Krise' 개념의 외교 군사적 사용에 대한 초기 증거들은 프리드리히 대제Friedrich dem Grossen에게서 발견된다. 유럽 국가들이 1740년의 오스트리아 왕위계승 전쟁에 전혀 대비하진 못하고 있었지만, 이미 이를 결정하고 마음을 굳혔을 때, 왕은 "그의 큰 계획을 실행하기 위한 위기cette crise pour exécuter ses grands projets"를 슐레지엔Schlesien으로 진입하는 계기로 삼았다.[44] 마찬가지로, 그가 호헨베르그Hohenberg 전투에 앞서 평화를 위해 헛된 조치를 감행했을 때, 그는 자신이 또다시 커다란 위기상황에 놓여있다는 것을 보았다.[45] 그는 — 카트Catt와의 대화에서 — 또한 콜린 전투 이후의 상황도 그런 식으로 규정했다.[46] 행위자들이 파국적인 양자택일로 치닫는 이러한 종류의 상황은 이후 독일에서도 '위기'

라고 칭해졌다. 이미 요한 야콥 슈마우스Johann Jacob Schmauss가 오스트리아 왕위계승 전쟁에서 프로이센의 등장으로 인해 "유럽 강호들의 균형이 깨지는 현재의 위기Crisis에" 대해 이야기했다.[47] 이러한 과정의 결과들에 대한 개념적 표현들이 제국 법률상 중요한 문서에 또한 존재한다. 독일의 영주동맹은, 1785년의 프레암벨Präambel에서 볼 수 있듯이, "제국 시스템의 위기Crisis"에 반응했다.[48] 이로써, 이후 자주 그랬듯이, 위기의 진단은 정치적 행위의 정당성에 대한 칭호가 되었다.

이렇게 처음에는 외교 혹은 군사적 상황들과 관련된 표현이 근본적인 헌법체제Verfassungsleben 영역으로 들어왔다. 슐뢰저Schlözer는 1782년 《관보Staatanzeigen》에서 겐프의 무정부 상태에 대해 언급했다. 여기서 그는 도시국가의 "내적인 혼란을 위기Crise"라고 규정했다.[49] 빌란트Wieland는 1791년의 프랑스 체제가 도입됨으로써 "결정적인 위기Krisis의 순간"이 다가오는 것을 보았다. "죽느냐 사느냐가 문제다. 국내외적 위험이 지금보다 더 큰 적이 없었다."[50] 그는 이미 그 말을 내전과 같은 국내외 정책의 교차를 특징짓기 위해 사용했다. 이와 마찬가지로 근본적이긴 하지만 다른 선택지들 아래에서 샤른베버Scharnweber는 "끔찍한 국가 위기"를 언급할 수 있었다. 하르덴베르그Hardenberg가 국가를 구하기 위해 혁명에 대항하여 개혁을 추진하면서 프로이센에서 극복해야 했던 국가 위기 말이다.[51]

'위기' 개념은 구체적인 내전 상태에 대한 정확한 표현이다. 내전 상태는 시민들의 충성심을 찢어놓기 때문이다. 이런 의미를 되살리면서, 라인하르트Rheinhardt 백작은 계엄령에 따른 총살을 막기위해 1813년에 베스트팔렌의 왕에게 보낸 탄원서에서 그 개념을사용했다. 다른 한편, 그는 1819년에도 파리의 단순한 내각 교체에도 그 개념을 — "정치적 위기" — 적용했다.[52]

따라서 '위기' 개념이 사용되는 정치적 영역이 넓어졌다. 이 개념은 결정적인 시기로 몰아가는 외교 혹은 군사적 상황들을 특징지었으며 근본적인 체제 변화를 가리켰다. 이 경우 정치적 집단 행위와헌법 시스템의 유지나 몰락이 대안을 이루지만, 단순한 정권 교체도 그렇게 표현될 수 있었다. '위기' 개념의 일상적인 사용은 그 개념이 정치학 용어의 근본개념이 될 만큼 이론적으로 확정되지도 풍부해지지도 않았다. 그 개념은 정치 혹은 군사적 행위를 진단하는기준으로도, 또한 기술記述 범주로도 사용될 수 있었다. 클라우제비츠Klausewitz는, 칼스바트Karlsbad 결의 시점에, "다른 상황들과 맞닥뜨리게 되면 위기를 불러일으킬 수 있는" 혁명적인 흐름을 이렇게기술했다. "우리는 각 민족이 그런 격동기를 가졌었다는 것을 역사를 통해 알고 있다."[53] 프라이헤르 폰 슈타인Freiherr von Stein은 1813년에 하르덴베르그에게 강력한 독일연방 체제를 추구할 것을 호소했다. "만일 정치지도자들이 그들 조국의 안녕을 지속적으로 강화하기 위해 위기의 순간을 이용하지 않는다면, 동시대인들이나 후세는 그들의 경솔함과 조국의 운명에 대한 무관심을 정당하게 비난할것이며 그들을 죄인으로 낙인찍을 것이다."[54] 확정 판결과 진단이라는 두 특징은 치료 지침이라는 특징과 더불어 그 말의 의학적인 기원에 의존하여 정치학적인 사용에도 보존되어 있다. 이는 오늘날까지도 그렇다. 올바른 순간을 발견하기 위한 시간적인 심도 규정 die zeitliche Tiefenbestimmung은 대체로 행위에 대한 불가피한 강제에서 발생한다. 행위의 여지는 위기 개념Krisenbegriff을 통해 강제적인 상태로 축소되는데, 이 상태에서 행위자들은 끊임없이 서로 모순된 대안들을 선택할 수 있을 뿐이다.

2. 역사철학적인 확장

18세기 후반부터, 종교적인 색채가 가미된다. 그러나 그것은 포스트 신학적인 색채로, 즉 역사철학적인 색채로 특징지어져야 한다. 이때, 질병에 대한 은유 이외에도, 최후의 심판과 묵시록에 따른 종말에 대한 연상력이 끊임없이 모종의 역할을 했다. 따라서 새로운 개념 형성이 신학적 기원을 가지고 있다는 것은 전혀 의심의 여지가 없다. 또한 그 때문에 '위기Krisie' 개념이 역사철학적 개념으로 형성되어가는 데 있어서 엄격한 이원론적 선택에 직면하게 된다. 그럼에도 불구하고 그 개념의 사용이 어떤 특정한 진영에만 귀속될 수는 없다. '위기' 개념은 정당정치에서 불안정한 상태로 남아있다. 위기에 대한 경험이 초래하는 심적 상태는 공통적이지만, 뒤따르는 진단과 예측은 다양하다.

따라서 실제적인 언어 사용을 추적해서, 그 당시의 정치 진영들을 분류 원리로 사용하는 것은 합당하지 않다. 그렇게 할 경우, 역사적인 실재성에 걸맞는 지표들에 앞서 자기해석의 대안들이 작성될 것이다. 이러한 분류는 그것과 반대되는 혹은 그것을 거스르는 다른 대안들을 허용하는 위기 개념의 의미론적 특징을 항상 간과한다. 위기 개념을 다양하게 사용하는 것은 서로 배제하는 다수의 대안들을 통해 실제로 '위기'가 문제라는 것을, 대안들이 그때그때 제시된 해석들로 인해 고갈되지 않은 상태로, 알려준다.

따라서 여기서 제기된 물음은 단지 목적 설정의 내용에 관한 것이 아니라, 사용된 시간적 해석 모형들에 관한 것이다. 의학이나 신학적 기원이 도움이 된다. 전무후무한 상황이라는 것이 문제지만, 위기는 질병의 진행에서처럼 근본적으로 그것이 치유될 수 있다는 인식을 요구한다. 그렇지 않을 경우, 최후의 심판과 유사하게 위기는 전무후무한 결정으로 무엇보다도 모든 것이 완전히 변하는 최후의 결정으로 해석된다. 이 양극 간에 많은 변형들이 존재한다. 이것들 속에서 위기가 지닌 반복 가능한 구조적 특징과 전무후무한 특징이 서로를 논리적으로 배제하면서 서로를 물들인다.

이렇게 근대의 경험을 일반화함으로써, '위기' 개념은 명실상부하게 '역사' 개념이 되었다. 실러Schiller의 격언이 그 첫 번째 사례이다. "세계 역사는 세계의 심판이다."[55] 이것의 영향력은 절대 과소평가될 수 없다. 실러는 위기 개념을 최후의 심판을 대신하는 용어로 받아들이지 않고, 세계 역사 전체를 부단히 그리고 지속적으로 일어나는 유일한 위기로 해석했다. 역사에 대한 판결이란 나중에 외부로부터, 가령 신이나 사학자들로부터 내려지는 것이 아니다. 그것은 인간의 행위와 불이행을 통해 내려지는 것이다. 인간이 어느 한 시점에 이룬 것이 영원성을 담보하는 것은 아니다. 위기 개념은 역사적인 시간의 과정에 대한 근본적인 규정이 되었다. 다른 변형은 위기 개념의 반복된 적용 가능성에 있다. 이때 위기 개념은 이른바 진보의 선상에서 역사적으로 전무후무한 과도기를 의미하기도 한다. 이 경우 그 개념은 시대 개념으로 굳어지며, 전부는 아니더라도 근본적으로 아주 많은 것들이 달라지는 위험한 과도기를 의미한다. 과도기들 가운데서도 아주 드문 유일무이한 과도기를 뜻하는 시대 개념으로서의 '위기' 개념은 18세기 후반 30년 동안 가장 강력하게 전파되었다. 그때그때의 파당적인 사용과는 전혀 무관하게.

역사적인 시간과 관련된 위기 개념에 대한 의미론은 전형화된 4가지 가능성에 따라 분류될 수 있다. 1) 의학-정치-군사적 사용에 의거해서, '위기'는 결정적인 시점으로 향해가는 다양한 행위자들에 의한 사건의 연속을 의미할 수 있다. 2) 다가올 "최후의 날"이라는 약속에 의거하여, '위기'는 역사를 근본적으로 바꾸는 최종적인 역사적 결정을 의미할 수 있다. 이러한 위기는 반복될 수 없다. 3) 신조어들은 이미 의학 혹은 신학적인 의미와는 많이 분리되었다. 지속 혹은 상태 범주로서의 '위기', 이는 과정, 즉 부단히 재생산되는 위험한 상황들이나 결정이 충만한 상황을 의미한다. 4) '위기'는 역사에 내재하는 과도기적인 개념으로도 사용된다. 이때 과도기가 더 나은 상태에 이르게 될지 아니면 더 나쁜 상태에 이르게 될지, 그리고 얼마나 오래 지속되게 될지는 진단에 달려 있다. 어떤 경우에든, 시대를 특징짓는 표현을 얻고자하는 시행착오적인 시도가 문제다. 그 기원이 다양하게 깊이 제형梯形화 되어있고 알려져 있지 않은 미래가 모든 소망과 공포와 두려움과 희망에게 자유로운 여지를 허용해주는 새로운 시대의 경험을 개념화할 가능성 말이다. '위기'는 새로운 시대의 구조적인 징표이다.

a ― 역사 개념으로 형성되는 데 있어서 서유럽의 전주
루소Rousseau는 '위기Krise' 개념을 1762년에 처음 근대적인 의미로, 즉 역사철학적인 동시에 예측적인 의미로 사용했다. 이는 진보에 대한 낙관적인 믿음뿐만 아니라 동적인 순환이론을 따른 것이다. 이러한 이중적 방향성에 힘입어, '위기'는 새로운 개념이 된 듯하다. 《에밀》에서 주인과 종의 위상을 자연적 욕구를 지닌 인간임을 근거로 동일한 것으로 환원시킨 후, 루소는 시사적으로 이렇게 외친다. "사람들은 현재 존재하는 계급사회가 존속할 것이라고 덧없이 믿고 있다. 그러나 그것은 예견할 수도 막을 수도 없는 불가피한 혁명에 노출되어 있다. 유럽의 거대한 왕정들의 전성기는 이미 지나갔다." 루소는 자신이 받아들인 지배 형태의 계승을 다루는 순환 모델에서 자신의 예측을 이끌어냈다. 왕들이 몰락한 후에, 사회 전반에 미치는 극단적인 변혁에 대한 비전이 나타난다. "우리는 위기 상황과 혁명의 시기에 다가가고 있다. Nous approchons de l'état de

crise et du siècle des révolutions."[56] 많은 혁명들이 일어날 것이다. 사람들은 나중에 이렇게 결론지을 터인데, 19세기를 연 위기상황은 지속될 것이다. 반은 예언으로, 반은 예측으로 미래의 역사가 선취되었다. 루소는 장기적인 미래상을 그렸는데, 거기서 중요한 것은 누가 일을 하고, 어디에서 사회적인 위업에 도움이 되도록 부와 가난이 사라지는지, 어디에서 무익한 시민이 건달이라고 불리는지이다. 다가올 변혁에 대해 오늘날 내려지는 사회 비판적인 판단에는 시대적 긴장감 — 최후의 심판에 대한 천년설이나 세계 종말론적인 주문에 담겨져 있던 시대적 긴장감 — 이 자리 잡고 있다.[57] 멀리 다가올 혁명 이후의 상황에 대한 비전은 지금까지의 모든 역사의 지양과 동일하다. 이러한 점에서 종말론적 개념의 역사철학적인 개념으로의 전이 — 루소에게도 잘 알려진, 지금까지의 일반적인 정치학적인 사용을 넘어서는 — 가 중요하다.[58]

자신이 처해 있는 상황과 더 직접적으로 관련이 있긴 했지만, 디드로Diderot는 위기 개념을 루소와 유사하게 사용했다. 1771년 파리의회가 해산되자 그는 다음과 같이 썼다. "지금까지 감추어졌던 자유의 불길이 밖으로 터져나왔다. 하늘의 위엄이 위태로워진 다음에, 이승의 통치권에 대한 공격은 더 이상 저지될 수 없다. 이것이 현 상황이며, 누가 그것이 어디에 이르게 될지를 말할 수 있겠는가?", "노예제도냐 아니면 자유냐, 라는 결과를 불러올 위기에 다다랐다. Nous touchons à une crise qui aboutira a l'ésclavage ou là liberté."[59] 이로써 디드로는 정치체제뿐만 아니라 그 너머에 있는 것까지 의문시하는 이원론적인 강제성을 예측했다. 대안은 총체적인 것으로, 사회 전체를 포함한다.

7년 후 디드로는 클라우디우스와 네로의 로마에 존재한 종말론적 상황과 비슷한 상황을 기술하기 위해 의학적인 은유를 사용한다. 당연히 이로써 그가 겨냥한 것은 1778년의 파리다. 소요는 거대한 혁명의 전조이다. 재난을 피하기 위해 민족은 종말을 약속하는 모든 것을 믿는다. 우정은 깨진다. 적들은 화해한다. 다가올 재앙을 알리는 비전과 예언이 난무한다. "이러한 불편한 현상은 발작 전의 병 상태와 흡사하다. 도시 깊숙한 곳에 비밀스럽게 술렁거리는 움직임이 일어나고, 공포 스스로조차 두려워하는 것을 실현하게 되는 것이다. C'est l'effet d'un malaise semblable à celui qui précède la crise dans la maladie: il s'élève un mouvement de fermentation secrète au dedans de la cité; la terreur réalise ce qu'elle craint."[60]

상황에 따라 위기 개념은 결정을 강요하는 상황의 지표나 요소로 기여한다. 이 두 경우 모두, 직면한 위기의 전무후무함과 구조적 반복성이라는 논증 형태가 그 말의 사용에 담겨진다. 논란의 소지가 있는 '위기Krise' 개념의 이러한 다의성은, 디드로 — 혹은 루소 — 가 명시적인 위기이론을 제기하지 않았더라도, 그 말을 근본적인 역사학적 개념으로 만들었다. 역사적으로 판단하고 조절하는 기능, 의학적으로 진단하는 기능, 신학적으로 주문呪文하는 기능들은, 그때그때마다 상이하게 조제되어, 그 몫만큼 그 개념의 사용에 담겨진다. 바로 이러한 조합 가능성이 그 개념을 두드러지게 만드는 것이다. 그 개념은 옛 경험들을 받아들이고 새로운 기대를 낳기 위해 그것들을 은유로 전환한다. '위기' 개념은 1770년대 이후 새로운 시대의 구조적인 징표에 속한다.

미국의 독립운동과 함께 위기 개념은 시대의 경계 개념 차원을 획득한 동시에 세계사적인 최후의 결정을 고지했다. 이 때문에 토마스 페인Thomas Paine은 '위기The Crisis'라는 표현 — 영국 출판업계에서는 이미 오래전에 그 뿌리를 내렸는데 — 을 자신의 잡지의 제목으로 선택했다.[61] 그는 이 잡지에서 1776년부터 1783년에 일어난 사건들에 도덕을 강제하는 도전을, 즉 덕과 부덕, 자연법에 기초한 민주주의와 부패한 전제정치 사이에 필요한 도전이라는 역사적인 의미를 부여하면서 평했다. "이것들은 인간의 영혼을 시험하는 추세들이다."[62] 그는, 젊은 루소로서, 자신의 비전이 구세계의 몰락과 새로운 세계의 등장과 함께 실현되었다는 것을 믿었다. 식민지의 붕괴는 그에게 있어서 단순히 정치·군사적인 결과가 아니었다. 그것은 세계사적인 심판이 실현된 것이었다. 독재의 몰락, 생지옥에 대한 승리. "영광스럽고 행복하게 성취된 세계에서 가장 위대하고 완전한 혁명the greatest and completest revolution the world ever knew, gloriously and happily accomplished."[63] 이런 식으로 위기 개념에 '혁명'이라는 말의 근대적 의미 변화에 상응하는 확장이 뚜렷하게 나타났다. 위기는 더 이상 혁명의 전조가 아니다. 페인에 있어서 그것은 미국혁명을 통해 실현됐으며, 미국혁명은 그것을 통해 자신의 전무후무한 특징을 획득한다. 이것이 개념사적으로 가능한 이유는 정치학적 위기 개념에 최후의 심판이라는 신학적 의미가 많이 더해져서 역사철학적 시대 개념으로 발전되었기 때문이다. 물론 '위기'의 상황적이고 시간적으로 규정된 의미가 나중에 다시 전면에 등장할 수 있었다.

이런 의미로 페인은 1791년에 버크Burke의 강력한 비판에 대항해서 프랑스혁명을 옹호했다. "완전하고 보편적인 혁명"에 의해서만 제거될 수 있는 부패의 뿌리들은 수백 년 동안 존재해왔다. "무언가를 해야 할 경우, 마음과 영혼은 전력을 다해 행동에 들어가야 하거나, 그렇지 않거나이다. 그러한 위기가 도래했다, 따라서 단호하게 행동하거나 그렇지 않거나, 그 이외에는 다른 선택지가 존재하지 않는다. When it becomes necessary to do a thing, the whole heart and soul should go into the measure, or not attempt it. That crisis was then arrived, and there remained no choice but to act with determined vigor, or not to act all."[64] 위기가 한편으로는 역사적 운동의 최종 결과이기는 하지만, 다른 한편으로는 행동을 취하기 위한 절대적인 도덕적 책임을 역사적으로 정당하게 수용함으로써만 실현될 수 있다. 성과 그리고 구원에 의존해있다.

버크 역시 같은 표현을 사용했지만, 페인이 주문呪文한 동일한 현상들을 분석적으로 기술하는 데 사용했다. 그렇지만 위기 개념이 역사적으로 전무후무한 상황을 개념화하는 기능을 잃어버린 것은 결코 아니다. "나에게는 마치 내가 거대한 위기 속에, 프랑스뿐만 아니라 전 유럽, 혹은 유럽을 넘어서는 거대한 위기 속에 놓여있는 것처럼 생각된다. 모든 상황들을 고려해볼 때, 프랑스혁명은 지금까지 세계에서 일어난 모든 것들 가운데 가장 놀라운 일이다. It appears to me as if I were in a great crisis, not of the affairs of France alone, but of all Europe, perhaps more than Europe. All circumstances taken together, the French Revolution is the most astonishing that hitherto happend in the world."[65] 얼마 후, 버크는 이러한 위기의 전무후무함을 새로운 정치 원리들과 독트린, 이론과 도그마들을 끌어들였다는 데 근거를 제시한다. 이로 인해 지금까지 알려지지 않은 형태의 체제가 등장한다. "새로운 원리들에 입각한 새로운 종류의 정부의 선언은 (그러한 정부이길 자처하는) 유럽 정치에서 진정한 위기이다. This declaration of a new species of government, on new principles (such it professes itself to be), is a real crisis in the politics of Europe." 이것은 도처에서 종교개혁과 비교되었다. 내외 정치의 경계선은 침식되었고, 모든 유럽 국가들은 새로운 우호-적대 라인에 의해 붕괴되었다. 간단히 말해서 버크는 종교의례처럼 물려받은 모든 사회 조건들과 정치 규칙들을 파괴하는 유럽 내전에 대한 그림을 그렸다.[66] 그는 그렇게 진단된 위기에서 혁명가들이 가정한 전무후무함을 제거하기 위해, 한편으로는 역사적인 비유를 이용했고, 다른 한편으로는 사실적인 "위기"를 그 새로움과 함께 파악할 수 있기 위해, 그들의 입장에 동조해야 했다. 이렇게 혁명적 구원 개념은 그의 관점에서 역사적 인식의 범주가 되었다. 하지만 이러한 인식 범주는 정치적인 행동을 위해 구상되어야 한다. '위기' 개념의 사용에 있어서, 진단과 예측적 기능은 페인과 버크에 있어서 동일하다. 그러나 진단 내용과 기대와 관련해서 그 둘은 극단적으로 다르다. 버크는 의학적 기원에 구속되어 있는 상태로, 페인은 신학적 기원에 구속되어 있는 상태로, 세계사적인 대안들을 해석 내지 제시할 수 있는 '위기'의 새로운 의미론적 특성을 사용한다. 이렇게 해서, 그 개념은 공통적으로 사용이 가능한, 그러나 서로 대립적으로 적용된 투쟁 개념Kampfbegriff이 된다.

샤토브리앙Chateaubriand은 '위기'라는 말을 모든 정치정당들의 핵심 개념으로 사용한다. "내일을 보지 않는 이상 아무도 이러한 위기 속에서 '나는 내일 어떠어떠한 것을 할 것이다'라고 말할 수 없다. Nul cependant dans ce moment de crise ne peut se dire: "Je ferai telle chose demain", s'il n'a prévu quel sera ce damain." 사람들은 함께 어둠 속을 헤맨다. 이 때문에 자신들의 기원의 장소와 처지와 미래로의 길에 대한 인식이 요구된다. 이것이 바로 샤토브리앙이 하고자 한 것이다. 그가 과거의 모든 혁명들을 오늘날의 혁명들을 비교한 것은 그 때문이다. 위기는 실제상황과 그것의 보편적·역사적 조건들의 교점이 되었다. 그리고 그러한 조건들에 대한 인식만이 예측을 가능하게 해준다.[67]

생시몽Saint-Simon과 그의 제자들 역시 '위기'라는 말을 역사철학적 기능에 중점을 두고 사용한다. 수백 년 전까지 거슬러 올라가는 혁명의 장기적인 원인들은 지속적으로 사회관계의 전반적인 변혁을 강요한다. 프랑스혁명은 단지 세계사적 위기의 일부에 지나지 않는다. 부분적으로는 '혁명'과 일치하는 '위기'는 근대에서 시간적으로 유연한 상위 개념Oberbegriff이 된다. 위기는 종교·학문·도덕과 정치에 미친다. 하지만 그 고유한 추진력은 사회적인 것이다. "정치가 삼십 년 전부터 개입하고 있는 위기의 본질적인 이유는 사회체제의 완전한 변화이다. La crise dans laquelle le corps politique se trouve engagé depuis trente ans, a pour cause fondamentale le changement total du système social."[68] 모든 정황은 계급 없는 산업사회를 가리킨다. 길을 그쪽을 향해 돌리고 가속화하기 위해서는 사회와 사회의 법칙들을 인식하는 일종의 위기 학문이 필요하다. 그리고 그러한 학문은 위기를 종식시키는 수단을 발견한다. 콩트Comte는 이렇게 주장한다. "완전한 구조조정은 근대의 가장 큰 위기를 끝낼 수 있는 유일한 것으로, 인류 과거의 전반을 적절하게 설명할 수 있는 사회학의 고유한 이론으로 구성된다. La réorganisation totale, qui peut seule terminer la grande crise moderne, consiste, en effet......à constituer une théorie sociologique propre à expliquer convenablement l'ensemble du passé humain." 일단 위기가 지금까지의 모든 역사에게 불가피한 국면으로 인식되면, 그 위기는 예측과 계획을 통해 극복될 수 있다. 따라서 '주기Période'로 확장된 시대 개념은 종말론적인 의미에서 계속 첨예하게 남아있다. 인간에게 남아있는 과제는 단지 마지막 최대 위기la Grande Crise finale를 실제로 끝내는 것뿐이다.[69] 신학적인 기원을 부정하지 않으면서, 위기 개념은 진정한 역사 개념으로 독립했다. 중요한 인식범주로 위기 개념 — 따라서 실증주의적인 믿음은 — 은 내다볼 수 있기 때문에 계획이 가능한 미래를 방출한다.

b — 독일에서의 역사철학적인 변형

독일어권에서는 헤르더Herder가 최초로 위기 개념을 역사철학적으로 사용했다. 1774년에 그는 당시 많은 논쟁을 불러일으키던 물음, 즉 인간 종이 자신을 도덕적으로 개선하여 더 행복하게 되는 것인지, 아니면 모든 것이 더 나빠지는 것인지, 라는 물음에 관심을 쏟았다. 역사의 힘과 추세, 그리고 제도와 발전을 통해 그러한 양자택일적인 물음의 배경을 탐구했다. 상황과 상황의 변화는 일률적인 진보에 대한 희망에 부정적으로 나타났다. 헤르더는 그러한 관점의 광범위한 전환을 위해 결정 개념을 사용했다. "우리가 가지각색의 의도로 인해 실제로 인간 정신과 관련해서 그처럼 묘한 위기 Krisis 속에서 살고 있다면, 인간 마음과 관련해서는 왜 그렇지 않은가?" 단순한 진보를 신봉하기보다는 모든 역사의 내적인 힘을 인식하고 평가하는 것에 달려있다.[70]

헤르더는 진보가 가속화되고 축적된 것이 역사라는 이젤린Iselin의 해석을 논박한 것이다. 이젤린은 자신의 《인류사》의 다섯 번째 판(1786)에 위기와 관련된 구절을 첨가했다. 폴란드의 분단과 미국의 독립전쟁과 영국의 대중 영합주의적인 봉기는 "도덕적인 분노로 표출됐다. 그것들은 마침내 공기를 정화시켰고 청명함과 안정을 가져왔다. …… 그것들은 정치라는 것을 시작한 이래 존재해왔던 것보다 훨씬 더 커다란 위기Crisis 속에 현재 유럽이 처해 있다는 추측을 정당화시켜주는 것 같다. 영국인 관찰자로서 우리가 그러한 위기Crisis를 위험한 것으로 간주한다는 것은 상당히 거리가 먼

이야기다. 오히려 그 위기는 우리에게 위로가 되고 희망이 가득 찬 전망을 준다."[71]

이로써 진보에 대한 기대의 소용돌이 속에서 위기 개념은 대안적 불가결성으로부터 벗어났다. 그 개념은 낙관주의적 과도기적 해석을 통해 중화되었다. 이와 같이 낮게 조율된 위기 개념의 의미는 19세기에, 무엇보다도 자유경제 이론에서 자주 사용되었다.

그러나 진보적 역사를 곱씹는 개념이 되기까지, '위기Krise' 개념은 혁명 시기의 독일에서도 전무후무한 시대적인 도전이라는 의미를 획득했다. 예를 들어, 헤르더는 1793년경에 그런 식으로 '혁명'이냐 '진보Evolution'냐를 강요하는 "우리 시대의 위기"에 관해 언급했다.[72]

헤르더는 '위기'라는 말을 역사의 핵심 개념으로 사용했다. 더 이상 죽음이나 부활이 그 대안일 수 없었다. 이 두 경우에 있어서 '위기'는 장기적인 변화를 필연적으로 전제했다. 의학적인 은유는 희미해지고, 역사적인 위기 개념이 독립하기 시작했다.

젊었을 때 공화주의자로서 다른 상황에 처해 있던 괴레스Görres도 이와 유사한 과정을 밟았다. 그는 먼저 단절된 정치적 급변 상황을 기술하기 위해 의학의 단기적 위기 개념을 사용했다. 그러나 그 다음에는 위기로부터 세계사적 대안들을 이끌어내기 위해 그 지평을 넓혔다.

1798년에 그는 자신의 《로텐 블라트Rothen Blatt》에 〈새롭게 발견된 우리의 정치 병리학에 관한 단편〉을 발표했다. 그 글에서 그는 천연두 진행의 4단계와 혁명의 열기 사이의 의학-정치학적 유사성을 이끌어냈고, 위기의 2일에 대한 진단을 내렸다. 프랑스혁명 달력의(1794) 11월 9일과 1797의 프뤽티도르Fructidor 18일. 바로 그 다음에, 그는 두 번째 프랑스 대大동맹전쟁 전날 밤에 자신의 산신령Rubezahl(신화)에서, "유럽 국가 시스템의 최근의 위기Krisis에 관한 몇 가지 아이디어"들을 내놓았고, "미래의 평화"가 언제 도래하게 될지에 대해 알지 못한다는 것을 인정했다. 6년 내내 군주제와 공화제가 우리에게 세계사에서 전무후무한 종류의 생사를 건 싸움의 광경을 보도록 만들었다." 4천 2백만 유럽인들은 공화주의 체제에 충성을 다짐했고, 4천만은 "중립", 그리고 5천 7백만 이상이 "그것과 반대되는 군주제"를 따랐다. 그러나 전쟁이 도래하든 평화가 도래하든, 공화주의자들은 "근심 없이" 미래를 기대할 수 있었다. 그들에게 후퇴란 없다. 반면에 군주주의자들은 자신들이 공화국으로의 "전환"에 의해 위협을 받고 있다는 것을 알았다. 이로써 위기 개념은 세계사적으로 전무후무한, 그럼에도 불구하고 점진적이고 단계적으로 확립된 과정을 기술하고 일깨우는 기능을 획득한다. 페인과 이젤린에 의해 구상된 변형이 여기서 관철된다.[73]

이와 반대로 2년 후에 겐츠Gentz는 아직은 그 끝을 알 수 없는 장기적인 구조 변화를 특징짓기 위해 위기 개념을 사용한다. 루소는 자극적인 적대자로, 자신이 번역한 버크는 사상적 대부로 그에게 자리 잡고 있었다. "우리는 가장 위대하고 두려운 위기Krisis, 즉 유럽의 사회체제가 수백 년 이래 경험한 위기가 다가오고 있다고 믿고 있다." 이렇게 '위기Krise'는 독일에서도 그 끝을 추론해낼 수 없는 시대 개념으로 확장되었다. "그것의 가능한 결과가 무엇인가? 미래에 대한 우리의 기대가 무엇인가?"라고 겐츠는 묻는다. 그리고 그는 19세기에 진입한 "위기Krisis"가 예측 불가능하다는 것을 고백한다. 부정적인 측면만은 명백하다. 평화를 사랑하는 계몽주의가 혁명으로 인해 파괴력을 지닌 동맹으로 바뀌었다. 그 동맹은 한 사회를 뒤흔들고 혼란에 빠트리는 "끔찍한 전쟁"의 잠재성을 매우 크게 만들었다. 이 때문에 그것에 대처하는 정치기술이 없이는 혁명에 의한 전쟁의 종말을 예견할 수 없다.[74]

시대의 변환을 특이하게 기독교적으로 혹은 종교적으로만 파악한 곳에서는 위기 개념이 사용되지 않았다는 사실은 '위기' 개념이 독일에서 1800년경에 이미 역사적 시대 개념이 되었다는 것을 보여준다. 슐라이어마허Schleiermacher는 그 "엄청난 위기"를 이 세상의 일로만 알았다. 지금 막 건너간 "사물들의 두 개의 상이한 질서 간의 경계"로.[75] 노발리스Novalis는 이 개념을 포기했다. 왜냐하면 기독교 그 자체가 "영원한 평화"로 나아가는 길에서 "구세계와 새로운 세계의 중재자"가 될 것이기 때문이다.[76] 프리드리히 슐레겔 Freidrich Schlegel은 이미 그 개념을 과거의 진화를 위한 추진력을 표현하기 위한 역사적인 범주로 사용한다. 이렇게 "유럽 민족 시스템의 국가적 특성이 세 개의 결정적인 위기 속에서 이미 세 개의 커다란 진화를 체험한다. 십자군전쟁, 종교개혁, 그리고 미국의 발견과 18세기 현재."[77] 그러나 가톨릭 역사 신학자로서 논증을 펼치는 곳에서, 그는 자신이 속한 시대와 그 바로 전 시대를 "세계에 대한 심판"의 시대가 뒤따라올 "가장 나쁘고 위험한" 시대라고 한다.[78] 그는 위기 개념을 정치 역사적으로 좁게 파악하면서, 유대국가의 멸망을 "작은 범위로서의 부분적인 세계 심판"으로 해석한다.[79] 이렇게 그는 20세기 초에 "새롭고 두려운 위기Krisis와 충격으로 인해 모두를 위협하는 새로운 시대"가 등장할 것임을 보았다. 왜냐하면 혁명은 더 이상 아래나 위에서 오는 것이 아니라 중간에서 오는 것이기 때문이다.[80] 1807년에 "시대정신Geist der Zeit"을 종말론적 관점으로 해석하는 데 열을 올린 에른스트 모리츠 아른트Ernst Moritz Arndt는 독일어 성경 언어를 사용했다. "끔찍한 상태. 2백 년 전 사람들이 세계의 종말을 생각했을 법한 그런 끔찍한 상태. 우리는 세계의 종말을 충분히 체험하고 있는가? ……자기 자신과 다른 사람들을 위해 생동적인 삶을 얻고자 한다면 화형을 통해 함께 가는 것이 유일한 구원이다".[81] '세계의 종말'이라는 말은 ―'위기Krise'와 ― 역사화를 공유하지만, 독일어 표현의 뉘앙스는 종교적인 의미와 더 밀접하게 관련되어 있다. 그것이 바로 아른트가 민주적으로 도발하고자 한 것이었다.

'위기'와 위기들;
19세기

"신이시여, 언제 세계 위기Weltkrise의 시간이 지나가고 올바름과 질서의 정신이 다시 일반적인 것이 될 것입니까?" 한 기자의 이러한 외침과 함께 1814년 11월 프로이센의 어느 주 장관에게 제출된 청원서가 끝을 맺는다. 의미심장한 언어 선택은 어떤 징조를 띠고 있다.

CHAPTER VI

'Krise' und Krisen: das 19. Jahrhundert

VI. '위기'와 위기들; 19세기

● ● ●　　　"신이시여, 언제 세계 위기Weltkrise의 시간이 지나가고 올바름과 질서의 정신이 다시 일반적인 것이 될 것입니까?" 한 기자의 이러한 외침과 함께 1814년 11월 프로이센의 어느 주 장관에게 제출된 청원서는 끝을 맺는다. 의미심장한 언어 선택은 어떤 징조를 띠고 있다.[82]

혁명의 시대는 끝난 것처럼 보였다. 하지만 끊임없는 변혁과 과도기에 대한 경험들, 그리고 그것들에 대해 품었던 희망은 끝날 줄을 몰랐다. '위기' 개념은 그 개념의 변형들 때문에 그러한 상황을 위한 매우 적절한 개념으로 제시되었다. 이 개념은 전무후무한 첨예화뿐만 아니라 장기적인 변화를 의미할 수 있었다. 그리고 세계의 종말에 대한 기대나 회의적인 두려움을 표현할 수 있었다.

1. 일상생활에서의 '위기Krise'

'위기'라는 말의 사용 빈도가 위기의 현존에 대한 지표라면, 19세기가 시작한 이래 근대Neuzeit는 위기의 시대라 불릴 수 있다. '세계 위기'는 모든 영역을 포괄한다. 슐레겔은Schlegel은 이미 1820년에 젊은이들의 행동을 재촉하는 "심오한 독일 철학의 거대한 위기 Krisis"에 대해 이야기했다.[83] 《브로크하우스Brockhaus》(현대 회화사전)는 1839년에 "청년독일파"가 문학적인 "위기"임을 증명했다.[84] 브루노 바우어Bruner Bauer는 1837년에 신학이 "전반적인 위기"임을 증명했다.[85] 당시 여론의 공명판인 페르테스Perthes의 광범위한 편지는 무엇보다도 정치─역사적인 변화의 양을 증언해준다. 칼스바트 Karlsbad의 결의에 따라, 사람들은 1819년에 독일 연방이 내각의 교체를 유발한 "내적인 위기Krisis를 모두 극복할 것이라고" 기대했다.[86] 그리고 1822년에는 이랬다. "마침내 안도감을 가져다주고 연방뿐만 아니라 개인들에게도 소유의 즐거움을 허용하는 위기가 일어나기 전에, 하나 이상의 위기가 나타나게 될 것이다."[87]

얼마 후 누군가가 "유럽에 퍼져있는 질병의 유일한 치료약"을 자유주의에서 발견했다. 그러나 진정한 회복은 "성급하게 처방된 그 약이 야기한 위기가 긍정적으로 극복된 경우에야 비로소 나타난다."[88] 7월혁명 이후, 다가오는 강대국으로서의 독일의 위기가 예견되었다. "그 위기는 그 낌새만을 알아채게 되더라도 강대국이 소스라칠 그런 위기였다. 10년 전에 적합했던 일이 오늘날에는 더 이상

적합한 일이 아니다."[89] 그다음에는 이런 구절이 뒤따른다. 무엇보다도 프로이센에 "오래 지속될 이 위기Krise의 시대에 자신을 강화하고 무력 전쟁을 수행하라"는 요구가 제기되었다.[90] 1843년에 페르테스는 이렇게 썼다. "우리는 위대하고 장엄한 사건들의 목전에 서 있다. 정세는 유럽의 위기Krisis를 재촉하고 있다." 물질과 정신적인 조건들의 변화는 정점을 향해 가속화되어 가고 있다. 역사가 존재하는 한, 지난 4반세기의 자유는 "가장 위대하고 결정적인 시대들 가운데 하나이다."[91] 이렇게 위기 개념Krisenbegirff은 그때그때 절박해지는 결정적 상황들의 전무후무함처럼 구조적인 변화의 전무후무함을 잘 드러낸다.

상황에 대한 위기 개념의 사용이 1847년 이후 축적된 것은 혁명의 상황논리에 기인한다. 연방주의회의 자유주의자인 베커라트Beckerath는 "우리는 거대한 위기를 체험했다"라고 썼다. "왕에 대한 복종을 거부하느냐. ……아니면 우리의 확신과 모순에 빠지느냐"가 문제였다.[92] 급진파인 카프Kapp는 1848년 5월에 미래의 공화국은 지금까지의 의회주의를 포기해야 한다고 썼다. "공화국은 새로운 인간을 요구하고, 우리는 우리를 그러한 인간으로 제시해야 한다. 이러한 위기Krise가 등장할 때까지 나는 살아야 한다."[93] 그리고 연방 국가를 신봉하는 진영의 증인을 지명하기 위해, 몰케Molke는 '위기Krisis' 개념을 혁명의 진행 과정에서 내외의 정치적 전환점을 진단하는 데 반복적으로 사용했다.[94]

콘스탄틴 프란츠Konstantin Frantz는 나폴레옹 3세의 제국을 역사적으로 정당화하기 위해 위기 개념의 모든 시간적 차원을 사용했다. "의회주의의 전사前史는 35년 동안 내각의 위기로 점철되었다. ……그리고 항상 다시 내각의 위기들."[95] 그는 일상과는 다른 극악무도한 해석을 가하지 않기 위해 1848년의 혁명을 "생리학적으로" 고찰했다. "그 혁명이 그 원인을 완전히 인식할 수 없는 질병에 의한 국가의 위기Krisis에 불과했음에도 불구하고 말이다."[96] 더 나아가 제국은 그 자체가 절박한 위기가 초래한 불가피한 결과였다.[97] 마지막으로 프란츠는 나폴레옹 3세의 의문스러운 모습을 감안하여 다음을 주장했다. "진리를 실현하지만 그럼에도 거짓은 물리치지 않는 그러한 분리가 완결되어지기 전까지, 프랑스는 위기 속에 머물러 있게 될 것이다. 이 해결책이 아니면 그 어떠한 해결책도 존재하지 않는다."[98] 프란츠에 따르면 이러한 '지속적인 위기Dauerkrise'의 배경에는 변화하는 사회구조와 그것에 전혀 적절치 않은 따라서 정당화될 수 없는 지배형태 간의 괴리가 놓여있다. 그는 독재에서 궁극적으로 가능한 해결책을 찾았다. 그것이 국민의 의지와 동일성을 창출해낼 수 있는 능력이 있다면 말이다.[99]

'위기Krise' 개념이 표어로 자리 잡은 이후, 그 사용 방식은 위기의 강도와 이에 대한 의식의 지표가 되었다. 비스마르크가 몰락한 이후, 잦은 수상의 교체는 '수상의 위기'라는 표현이 과도하게 사용되는 현상을 초래했다. 이 표현은 대개 인사 정책의 의미로 피상적으로 해석되었다. 그러나 막시밀리안 하르덴Maximilian Harden은 그 말의 그러한 사용을 빌미로 그 배후에 놓여있는 제도적 위기를 진단했다. 드러나지 않은 총신寵臣에 대한 은밀한 소문은 "정치적 위기Krisis에 대한 긴장감과 기대를 낳는다. 그러한 언어의 사용은 균형잡힌 조직의 장애를 위기Krisis라고 일컫는다." 일반인들에게 알려진 의학적 위기 개념만이 "신속한 결정을 의미한다. ……정치적인 위기에 대해 우리가 그러한 의미로 이야기해서는 안 된다. 누구나 우리 국가의 병적 상태를 느낀다. 그리고 대부분은 그것이 어느 날 끔찍한 최후를 맞이하지나 않을까 두려워한다. 만일 열이 천천히 내려서, 우리가 다가오는 재앙으로부터 해방된다면 우리는 기뻐할 수 있을 것이다."[100]

은유와 은유의 의학적인 기원과의 재결합은, 결과와 연관된 위기와 대비해서, 지속적인 위기Krise ― 의학적으로 천천히 내리는 열이라고 에둘러 기술된 ― 를 부각시키는 것을 가능하게 해주었다. 이런 식의 구분이 가능한 소견들은 현 세기에서도 동일한 다의적인 표어로 계속 표현된다. 감정적인 배음들은 모든 이론적인 엄격함을 왜곡시킨다. 그럼에도 불구하고 역사 ― 이론적으로 해명된 텍스트에서는 '위기'라는 말을 보다 분명하게 사용해야 하는 요인들이 존재한다.

2. 역사이론적인 개념으로서의 '위기Krise'

독일 관념론의 역사철학적인 체계들이 위기 개념을 단지 지엽적으로 사용했던 반면에 — 현실을 다그치는 정신이 모든 절박한 위기보다 우월했는데 — 그 개념은 청년 헤겔주의자들의 승계 과정에서 중요한 의미를 획득했다. 실천과 실행을 강요하는 철학은 모든 자유를 실현하고자 한다. 물론 과오는 비판을 통해 기록된다. 현실과 괴리가 있는 비판은 역사가 '위기'로 파악하고, 이미 제시하고 마련되어 있는 결정을 강요한다.[101] 루게Ruge가 말했듯이, "이제 우리 시대는 무엇보다도 비판적이다. 그리고 위기Krisis는…… 모든 과거의 껍데기를 부숴버리려는…… 노력보다 하찮지 않다. 새로운 내용이 이미 만들어 놓은 징후."[102] 비판은 위기Krise의 역사적 방향을 통찰함으로써 위기를 촉진시킨다. 브루노 바우어Bruno Bauer의 말을 빌리자면, "역사는 이론이 우리에게 준 자유를 세계에 새로운 형태를 부여하는 힘으로 승화시킨다. 역사는 위기Krisis와 그 해결책을 강구해준다."[103] 국가와 교회와 사회에서 결정을 촉구하는 문제들이 실제로 해결될 수 있는지 아닌지는 역사에 대한 올바른 판단에 의존해있다. '위기Krise'라는 말은 이와 같이 비판적으로 제시될 수 있는 추세들을 의식적으로 실행함을 목표로 하는 역사철학적인 반성 개념으로 남아있다.

마르크스를 비호하고 청년 헤겔주의자들과 가까운 기업가인 메비센Mevissen은 이렇게 말한다. "그 근거가 아직까지 인식되지 않았거나 충분히 인식되지 않은 조직적인 장애의 존재를 인정하는 것은 역사적인 위기의 전조이다. 이와 유사한 모든 역사적인 시대들처럼, 오늘날 위기의 근거는 오로지 삶의 형태와 상태를 찾는 풍습과 현 세기 교육 간의 괴리에 놓여있다. 위기Krisis가 혁명적인 봉기를 통해 외적으로 완성되는 것인지, 아니면 인간의 정신이 인식의 힘을 통한 내부로부터 자유로운 활동으로 그러한 상태들을 변화시킬 수 있을 정도의 충분한 힘을 가지고 있는지" 이것은 양자택일이다. 이 때문에 메비센은 소유의 특권을 철폐하고자 했다. 그리고 — 아무런 소득 없이 — "일반적인 자선단체와 교육단체"를 통해서 소외된 무산계급에 속한 많은 사람들을 사회로 편입하고 자유와 평등을 중재하고자 했다.[104]

아마도 마지막으로 1850년에 독일 관념론의 전제들을 가지고 역사를 체제 내재적으로 해석했을 때, 로렌츠 폰 슈타인Lorenz von Stein은 위에서 제시된 진단에 동조했다. "사회운동의 관점"에서 유럽 역사는 "두 개의 커다란 시대"를 보여준다. 고대에는 소유의 자유와 직업 선택의 부자유가 동시에 지배적이었다. 게르만 왕국의 시대는 "자유로운 직업과 자유로운 소유 사이의 반복된 투쟁으로 특징지어진다. 우리가 살고 있는 현재는 이러한 투쟁의 마지막 단계에 불과하다. 유럽에 이러한 상태가 지속되고 유지될 수 없다는 느낌이 퍼지고 있다. 강력하고 두려운 운동들이 눈앞에 놓여있다. 그 누구도 이것들이 어디에 이를지 말할 엄두를 내지 못한다. 미래의 한 개인에 불과한 그 누구도 실제로 그 구호를 제시할 권리가 없다." 이 때문에 슈타인은 제3자의 입장으로 물러나, 도전적인 양자 선택을 예측한다. 자본과 노동의 특수한 이해관계를 희생시키고 그것들 사이의 상호 의존성에 대해 제도적으로 안전 조치를 취하는 데 성공해서, 국가가 더 이상 소유와 관련된 이해관계를 해결하는 막노동꾼이라는 지위에서 벗어나거나, 아니면 유럽이 "야만으로 되돌아가 파멸"하거나 한다는 것이다. "산업사회의 주권이 예고된" 1848년의 혁명은 그러한 "강력한 위기Krisis의 한 가지 움직임"에 불과하다.[105] 위기 개념은 생시몽Saint-Simon에서처럼 전全 역사에서 도출되었고, 장기적으로는 이 세기 모든 혁명들의 기초에 놓여있는 산업사회로의 과도기를 특징짓는다. 그럼에도 슈타인은 단지 두 가지 가능성만을 예측한다. 파멸 혹은 공정한 사회조직. 종말론적인 요소는 그의 삼시대이론Drei-Epochenlehre에 잔존해있다.

드로이젠Droysen이 1854년 — 크림전쟁 때 — 에 유럽의 위기를 특징짓기 위해 세계 역사에 대한 총체적인 분석을 제시했을 때, 종말론적인 요소는 현저하게 약화되었다. "힘을 겨루는 전쟁과 구조적인 문제가 전부가 아니다. 우리는 십자군전쟁 때와 종교개혁 시대와 마찬가지로 한 시대의 세계에서 다른 새로운 시대의 세계로 우리를 이끄는 거대한 위기들 가운데 하나 속에 서있다. 그러한 위기와 함께 미국이 역사의 무대에 등장했다."[106] 모든 영역들이 위기에 놓여있다. 강대국은 독립하고, 경쟁적인 경제에서는 모든 것이 대체 가능하며, 학문은 유물론의 원리를 따르고, "허무주의"에 의해 위협받는 종교는 이에 아무런 대항도 못하고 있다.[107] 국제법은 근본적으로 바뀌었고, 강대국들 간 대치 속에서 오로지 러시아만이 "현재의 순간(현재의 위기Krisis)을 넘어 지속하는 지위를"[108] 누리고 있다. "세계국가 시스템"이 지평선에 뚜렷하게 드러나고, 여기서 러시아 이외에 대영제국과 북미, 이후 중국, 그리고 아직 알려지지 않은 유럽 강대국이 경쟁하게 될 것이다. 슈타인과 달리 드로이젠은 미래에 대한 어떤 양자 선택에 자신을 구속시키지 않는다. 위기는 오히려 결정되지 않은 미래로 우리를 이끄는데, 드로이젠은 성찰을 통해 미래의 "예측 불가능한 미래성"을 예측한 것이다.[109]

좀 멀리 떨어진 관점에서, 야코프 부르크하르트Jacob Burckhardt는 1870년경에 세계사적인 위기들에 대한 개관을 제시했다.[110] 통시적인 총괄적 조망을 통해 19세기에 전무후무함을 귀속시키는 대신에, 부르크하르트는 위기 진행의 유형화를 통해 먼저 그 동질성과 유사성을 강조한다. 투키디데스에 의해 고무된 그는 의학적인 은유법을 다양하게 사용하여 자신이 역사—인류학적으로 정초한 위기 과정들에 대한 병리학을 목표로 삼았다.[111]

비록 "전쟁 일반을 국제적 위기Völkerkrisis"로 이해했지만, 부르크하르트는 대부분의 예들을 가속화된 혁명 진행 과정으로부터 이끌어냈다.[112] 이를 위해 규칙적인 국면들에 대한 이론을 시작부터 끝까지, 즉 재건이나 폭정에 이르는 끝까지 제시한다. 체제 순환이론 또한 영향을 주었다. 원래 위기이론은 혁명 진행 과정의 통시적인 형태에 의지하지 않지만, 부르크하르트는 심리학적으로 강력하게 영향을 받은 그러한 전통적인 요소들 위에 위기이론을 덧씌웠다.

"그러한 요소들은 새로운 발전의 매듭으로 고찰되었다." 비록 위기들이 갑자기 나타나더라도, 위기들은 다층적이며 서로 얽혀 있다. "진정한 위기들이란 일반적으로 드문 일이다."[113] 따라서 영국혁명조차 부르크하르트에게는 진정한 위기가 아니었다. 사회 관계들이 근본적으로 변하지 않았기 때문이다. 독일 종교개혁 역시 농민전쟁에 의해 약화된 위기였다. 프랑스혁명조차 완화된 진행 방식을 취했다. 로마의 첫 번째 세기도 펠로폰네소스 전쟁처럼 "고유하고 거대하고 근본적인 위기"를 초래하지 않았다. 이에 반해 아테네 민주주의는 "지속적인 테러와 함께 근본적으로 지속적인 위기를" 겪었다. 부르크하르트가 제시한 예들 가운데 다수가 약화된 위기들을 증언해준다. 1866년의 동족상잔도 그러한 예 가운데 하나이다. 위기는 "오스트리아로 떠밀려갔다."[114]

이와 같이 위기Krise란 역사의 지속가능성이다. 하지만 현실은 모든 유형학을 제한하는 수많은 의외의 상황들을 자신 속에 숨기고 있다. 종교적인, 정신적인, 경제적인, 그리고 정치적인 세력들은 서로 갈등을 일으킬 수 있다. "두 개의 위기가 교차할 경우" — 예를 들어 국가적 위기와 종교적 위기 — "그 가운데 더 강력한 것이 그보다 더 약한 것을 철저히 잠식한다. 조작된 가짜 위기가 있듯이, 좌초된 위기도" 있다.[115] 실제로 진정으로 거대한 위기란 그 어떤 경우에든 오로지 민족이동뿐이다. 그리고 "이러한 위기Krisis는 우리에게 잘 알려진 그 어떤 다른 위기와도 다르며, 유일무이한 종류의 위기이다." 그것은 변환으로, 신속한 혼합으로 그러나 무엇보다도

역사적으로 세력을 지닌 거대한 교회로 귀결된다.[116]

　19세기의 위기는 오로지 이러한 장기적인 위기Krise와 비교 가능하다. 유사성 때문이라기보다는 그것의 유일무이함, 즉 끊임없이 변화를 추구하는 인간 본성의 수많은 요소들이 포함된 유일무이함 때문에. 현 세기 모든 전쟁들은 그러한 위기의 일부에 불과하다. 그것들은 민주주의와 소득의 의미, 권력 추구와 지적인 유토피아가 빠져드는 위기의 일부에 불과하다. 그러나 기술과 민족상잔과 사회혁명들이 집결하게 되면, "주된 위기Hauptkrisis"가 임박하게 된다. "주된 결정은 오로지 인류의 내면으로부터 나올 수 있다."[117](이로써 세계의 종말이라는 옛 은유가 완전히 인류학적─역사적 범주가 되었다).

　'위기Krise' 개념으로 구조 변화의 다층성과 이것의 폭발적인 응집을 표현하기 위해, 부르크하르트는 그 개념의 의미 영역에 커다란 유연성을 부과했다. '위기'는, 인간에 대한 해석 모형을 넘어, 길고 짧은 기간들이 서로 교차하는, 그리고 끊임없이 구원과 정화와 재난과 범죄를 자신 속에 숨기고 있는 최상급의 해석 모형이 되었다. 다가올 재난에 대한 놀라운 예측에도 불구하고, 부르크하르트는 자신의 판단에만 머무는 자제력을 보였다. "위기Krisis의 크기에 비례하는 기간이 흐르고 나서야 비로소 사람들은 아주 큰 위기로부터 그 참된 (다시 말해서 상대적으로 참된) 결과들을 그 총액 속에서 (이른바 좋은 것과 나쁜 것, 즉 그때그때의 관찰자에게 바람직한 것과 그렇지 않은 것) 음미한다."[118] 이처럼 가장 중요한 위기 분석가는 모든 선행자들보다 더 조심스러웠다.

부르크하르트가 거리를 둔 어떤 대척자는 1888년에 자기자신에게 이렇게 물었다. "왜 나는 운명인가." 유럽 정신의 위기를 궁극적으로 자신의 인격 속에 개념화하고자 하는 철학의 고삐들이 니체 Nietzsche의 진단과 도발적인 대답 속에 모두 묶여 있다. "언젠가 나의 이름에 괴물의 기억이 붙여지게 될 것이다. 그때까지 믿어온, 요구된, 신성시된 모든 것에 대항하여 불러내어진 지구상에 한 번도 존재하지 않았던 위기와 가장 강렬한 양심의 알력과 결정에 대한 기억이. 나는 인간이 아니다. 나는 다이너마이트이다. …… 그러나 나의 진리는 두려운 것이다. 왜냐하면 지금까지 사람들은 거짓을 진리라고 했다. 모든 가치의 전도. 이것이 인류의 최고의 자각 행위에 대한 나의 공식인데, 그 행위는 나의 살과 천재성이 되었다." 도덕 혹은 형이상학 혹은 기독교로 포장되어 수천 년 동안 유지되어온 삶의 거짓이 드러나게 되면, 정치는 정신들의 전쟁이 될 것이다. 이 전쟁은 "옛 사회의 모든 권력구조를 허공에 날려버릴 것이며, 지구상에 한 번도 존재하지 않았던 전쟁이 일어나게 될 것이다."[119]

3. 위기 개념의 경제학적 세분화

만일 위기 개념이 점점 더 일상적인 것이 되어가는 경험을 감당할 수 있는 의미를 획득하지 못했다면, 그 어떤 표어도 될 수 없었을 것이다. 전쟁 결과가 초래한, 그리고 독일에서는 1825년의 과잉 농산물 또는 1847년의 흉작에 기인한 경제 위기가 점점 더 커져 마침내 1857년 이래로 자본주의 체제에 의해 형성된 국제관계에까지 영향을 미치게 되었다. 위기 개념의 사용은 이러한 진행에 상응한다. 영어에서는 '위기crisis' 개념이 18세기에 이미 친숙한 경제학적 표현으로 확장된 반면, 독일에서는 19세기에 이르러서야 비로소 그렇게 된 것 같다. 국가의 몸통과 순환이라는 은유와 독일 중상주의자들의 언어가 특징지은 공급과 수요의 균형이라는 은유, 이와 관련된 의미로서의 '위기Krise'— 병이나 균형 장애 같은 — 는 19세기에 들어서서야 비로소 사용되었다.

먼저 '재발', '재난', '경련', '장애', 특히 빈번한 장기간의 '정체'와 같은 표현들이 악화되는 위급 상황들을 표현하기 위해 널리 사용되었다. 1825년에 영국 특파원들은 "위기Krisis가 임박했다", "위기가 곳곳에 있다"라고 전했다. 그다음 해에는 독일에 끼친 영향, 즉 파산과 이에 따른 결과들을 표현하기 위해 일반적으로 사용되었다. 프랑크푸르트의 상인계층이 빠져있는 위기는 "무시무시하다."[120] 이 표현은, 페르테스Perthes의 서한집에서 볼 수 있듯이, 뿌리를 내렸다. 그는 영국에서 금융 위기를 보았다. 증권천민Börsenpöbel에 관해 이야기하면서, 그는 위기를 경제적인 범주에서뿐만 아니라 도덕적인 범주와 사회적인 범주에도 판단했다.[121] 이러한 스타일은 널리 퍼져나갔다. 니부어Niebuhr는 위기Krise를 역사적인 관점 속으로 끌어들였다. "상업과 금융업의 역사는 150년 전부터 전염병의 역사처럼 세계사에 속한다." 1721년 (영국과 프랑스의 투기를 암시하면서) 전에는 사람들이 상업 위기라는 것을 알지 못했다. "그것은 이제 점점 더 잦아지게 될 것이며, 미래를 생각할 경우 정신을 잃을 수도 있다."[122]

위기의 증세가 어디에서 가장 먼저 분명하게 나타나느냐에 따라 합성어가 바뀌었다. 세기 전반기에는 '상업 위기'와 '금융 위기', 그리고 그것들의 변형이 주된 화제였다. 이때 — 이른바 상공회의소의 보고서에는 — 경악의 등급에 대한 다양한 표현이 나타난다.[123] 신문이나 상공회의소의 보고서에서 그 원인이 논의될 경우, 도덕적 색채가 강한 기술記述이 대세다. 투기, 소유욕, 신용 대부, 부족한 구매력, 기계의 발명과 설치, 관세법과 조세, 지폐정책 등등이 편입되었고 상이한 비중을 두고 다루어졌다.[124]

1849년에야 비로소 로셔Roscher가 커다란 영향을 끼친 논문을 발표했다. 이 논문에서 로셔는 "금융이나 상업 위기"가 적절치 않은 표현이라고 했다. 그는 오히려 "생산 위기"라는 말을 사용해야 한다고 주장하는데, "그 이유는 이 말이 병폐의 본질을 특징짓기 때문이다." 로셔는 서유럽 국가의 경제이론들을 논의하면서, 역사적 사실에 대한 의구심을 지닌 채, 시스몽디Sismondi가 세이Say와 밀 부자Mills에 대항해서 옹호한 과잉생산 테제를 택했다. 그는 "대량으로 생산된 상품들이 소비자를 찾지 못하게 되는 수요의 미흡과 공급의 과잉"을 위기라 표현했다. 그는 개별 업종들의 특수한 생산 위기들과 상품시장 전체를 뒤덮는 "전반적인 위기들을, 영국인들의 표현에 따르면, "전반적인 공급과잉general glut"과 구분한다.

그럼에도 불구하고 로셔는 생산 증가에 기인하는 세계 경제망의 확대에 적합한 서유럽 이론에 자신의 입장을 이론적으로 그다지 잘 접목시키지 못했다. 이외에도, 그는 "병리학과 그 처방"에 대해서는 상투적인 논의를 하는 데 머물렀다. 국가적인 예방책과 이에 수반하는 도움에 가장 커다란 비중을 두었지만, 그가 제시한 예들은 주로 영국이나 미국 경제에서 유래한 것들이다.[125]

세기 전반기의 위기들 — 그리고 그 이후의 — 이 서쪽에서, 즉 미국과 영국과 프랑스에서 유입된 것임은 1825년 이후에 관찰된 결과이다. 쾰른 상공회의소는 1837년에 이렇게 보고를 한다. "지난 20년 동안 우리는 북미와 중요한 직·간접적인 관계를 맺어왔기 때문에, 이 위기Krisis는 우리 주의 상업과 공장들에 치유 불가능한 영향을 준다."[126]

그 위기가 다시 돌아온다는 것도 그만큼 확실하고 분명했다. 프로이센 해상무역의 대표인 로더Rothere는 1837년에 "주기적으로 반복되는 전반적인 곤경"('위기'개념을 사용하지 않고)에 대해 이야기 한다.[127] 하르코르트Harkort는 1844년에 "시장에서 짧은 주기로 끊임없이 반복되는 공급과잉의 위기들"에 관해 이야기한다.[128] 불가피성에 대한 느낌도 널리 퍼졌다. "상업 위기Krise를 막는 수단은 존재하지 않는다."[129] 당연히 기술 혁신은 위기에 대한 판단 결과에 속했다. 헨릭 슈테펜스Henrik Steffens가 인식했듯이, "점점 더 증가하는 철도보다 더 강력하게 등장하는 새로운 시대의 위기란 존재하지 않는다."[130]

1840년대 이후 경제학적으로 채색된 위기 개념은 모든 사회 비판적인 글들에 스며든다. 당시에 모든 정치사회 진영들로부터 나온 그런 글들이 시장에 넘쳤다.[131] 위기 개념은 헌법이나 계급에 의해 야기된 난관들과 산업과 기술과 자본주의 시장경제에 의해 야기된 난관들을 총체적으로, 병이나 균형 장애의 증상으로서, 하나의 개념으로 파악하는 데 적절했다.

이 때문에 로셔는 1854년에 회고적으로 하나의 일반 공식을 만들어낼 수 있었다. "변화된 내용이 변화된 형식을 만들고자 하는 곳에서는 위기들이 문제다. 만일 그러한 위기들이 평화로운 방식으로 적법하게 일어날 경우, 그러한 위기들은 개혁이라 불린다. 불법적으로 수행될 경우 혁명이라 불린다."[132] 이렇게 '위기' 개념은 국가경제에 대한 도전을 칭하기 위한 역사적 상위 개념이 되었다.

골드러시와 이에 따른 투기가 한 가지 요인이었던 1856년 이후의 위기에서 경제의 지배는 빠짐없이 등장했다. 미국 영사가 베를린에 보낸 보고서에서처럼. "사람들은 도처에서 이러한 위기Krisis의 원인을 감지했다. 그러나 사람들은 그것을 어디에서도 발견하지 못했다." 어쨌든 "세계 위기Weltkrisis"가 문제이다.[133] 무역 정치망뿐만 아니라 자본주의적 생산조건의 국제화는 새로운 종류의 위기에 속했다. 미하엘리스Michaelis는 1857년의 위기Krise는 이전의 모든 위기들과 구분된다고 한다. "이전의 위기들은 개별적으로 한 국가에만 관련이 있었고 다른 나라들에게는 단지 강한 혹은 약한 영향을 미치는 데 머문 반면에, 이 위기는 전반적으로 발생했다.” 그러나 동시에 “위기Krisis”는 “그것이 등장하는 그 어느 곳에서든 독립적인 원인의 결과이다”라고 기록했다. 공통적인 특징, 즉 그것 과 세계사와의 연관관계는 단지 세계 경제의 역사 속에서만 발견될 수 있다.[134]

그 이듬해에 막스 비르스Max Wirth의 첫 번째 책 《통상 위기의 역사Geschichte der Handleskrisen》가 출간된다. 신용기관의 뛰어난 역 할을 강조하는 가운데, 경험적으로 관찰 가능한 요소들을 상당히 조야하게 편성한 책이긴 했어도 말이다.[135] 뒤이어 1895년에 오이 겐 폰 베르그만Eugen Von Bergmann이 보다 발전된 반성적 차원의 《국민경제학적인 위기이론들의 역사Geschichte der nationalökonomischen Krisentheorien》를 출간한다.[136]

정치 역사학적인 사용과 비교했을 때, 경제학적으로 사용될 경우 위기 개념이 이론적으로 더 엄격성을 획득한다는 것은 의문의 여지 가 없다. 그동안 축적된 경험에 따르면, 모든 위기들은 — 그것들을 야기하고 가중시키는 모든 고난과 낙담에도 불구하고 — 역사철학 적으로 과도기로 분류되는 시기에 불과했다. 이 때문에 경제학적 인 위기이론들 역시 다시금 대중에게 영향을 끼쳤고, 이 점에 있어 서는 자유주의적인 혹은 사회주의적인 해석들도 차이가 없다.

이렇게 해서 모든 위기Krise가 자유주의 낙관론자들에게는 진보 라는 사다리의 디딤돌이 되었다. 경제 위기들은, 율리우스 볼프 Julius Wolff가 표현했듯이, “미션”을 충족시켰다. “위기들은 단순히 반복되는 유형에 불과한 것이 아니다. 또한 기업을 이끄는 데 재능이 있고 잘 갖추어진 사람들과 그렇지 않은 사람들 가운데 주기적인 선택을 하는 것에 그치는 것이 아니다. 이와 동시에, 그것들은 생산조건을 다른 토대로 옮겨놓는다. 그것은, 볼테르나 신이 그랬듯이, 사람들이 그것을 가지고 있지 않을 경우 그것이 가진 능력 향상 효과 때문에 그것을 끌어들여야 한다고 말할 수 있는 것이다."[137] 렉시스Lexis는 1898년에 "상품의 공급과잉 때문에 생존 경쟁이 거의 모든 곳을 끊임없이 지배하고 있지만, 이로부터 초래된 연대기적인 제거 과정Ausscheidungsprosess이 위기Krisis로 간주되어서는 안 된다"는 입장을 동시에 펼쳤다.[138] 제아무리 위기들이 사회 다원주의에 따라 서열화되더라도, 그것들은 진보를 위한 과도기로 해석되었다. 사회주의 해석가들 역시 이 점에 동의한다. 위기에 대한 일상 경험의 비참함이 기대 지평을 보다 더 많은 종말론적인 요소들로 채운다고 하더라도 말이다. 혁명의 기대와 경제학적인 분석 사이에서 왔다 갔다 하는 마르크스와 엥겔스의 위기 개념 사용이 이를 증언한다.

4. 마르크스와 엥겔스

엥겔스는 1844년에 〈국민경제에 대한 비판 개요Umrissen zu einer Kritik der Nationalökonomie〉에서 "순환적으로 가중되는 위기들", 즉

"명백한 과잉에도 불구하고 사람들이 굶주리는 위기들"을 "잉여 생산력" 탓으로 돌린다. 그는 사람들이 "경제와 관련된 추상적인 지식이 꿈꿀 수 없는 사회혁명을 마침내 일으킬 것"이라는 기대를 그것과 연관시킨다.[139] '위기Krisis' 개념은 이후, 예외들을 무시하자면, 마르크스와 엥겔스 사전에서 최우선의 국민경제학적 범주가 된다. 이 범주는 경제의 순환적 운동에서 급변하는 기간을 특징짓는데, 그 운동의 진행 곡선은 지금까지의 모든 통찰로부터 벗어나 있다. 그것이 역사적으로 조건지어 있다는 것으로부터 규칙성을 꿰뚫어 본다면, 자본주의 체제가 자신을 극복하고 절박한 상황에서 혁명적인 결말을 마련할 기회가 커진다. 이런 점에서 경제학적인 범주는 마르크스와 엥겔스의 정치 역사적인 총체적 분석 안에 들어와 머물 수 있다. 《공산당 선언das Komunistische Manifest》에는 다음과 같이 되어있다. "지난 수십 년 이래로 산업과 무역의 역사는 현대 생산관계와 사유재산 관계에 대한 현대 생산력의 봉기의 역사에 불과하다. 이는 유산계급의 삶이자 지배조건들이다. 위기에서는 모든 이전 시대들에 불합리한 것으로 여겨졌던 사회의 전염병 — 과잉생산이라는 전염병 — 이 발생한다. …… 유산계급은 이러한 위기들을 어떻게 극복하는가? 한편으로는 대규모의 생산 능력을 강제로 제거함으로써, 다른 한편으로는 새로운 시장들을 점령하고 구 시장들에 대해 보다 철저한 착취를 통해서 극복한다. 결국 어떻게? 보다 더 광범위하고 강력한 위기들을 준비하고, 그러한 위기들에 대한 강구책을 줄여가면서 극복한다. 궁극적으로 예측 가능한 자본주의 체제의 자기 해체에 대한 전망이 경제적인 분석과 결합한다. 그러나 이를 위해서는 유산계급이 만들어낸 치명적인 무산계급의 정치 행위가 요구된다."[140]

정치 사회적인 관계가 고려되면 경제의 붕괴, 즉 세계 "공황"에 대한 전망이 높아진다.[141] 마르크스와 엥겔스가 그것을 아무리 돌려서 표현하더라도 혁명의 확실성에 대한 전망이 높아진다. "새로운 혁명은 새로운 위기의 결과로서만 가능하다. 그러나 혁명 또한 위기와 마찬가지로 확실하다."[142] '위기'를 적극적으로 메우는 것은 경제적인 이유들이 아니라 정치적인 이유들이다. 엥겔스가 1857년에 위기는 "내게 해수욕처럼 신체적으로 도움을 준다"고 환호했듯이 말이다.[143]

반복되는 위기들이 혁명을 불러일으키지 않는 한도 내에서, 마르크스의 경제이론은 독립성을 확보한다. 그 이론은 — 경제의 지배적인 요소들의 실마리로 — 역사이론이자 사회이론으로 지금까지의 모든 이론을 능가한다. 따라서 결코 완성되지 않았던 위기이론이 이러한 총체적인 구도 속에서 그 중요한 의미를 획득했다.[144] 마르크스는 《자본론*Kapital*》에서 주기적으로 새로운 위기를 발생시키는 체제에 내재하는 모순들을 주제로 삼았다. 이로부터 체제 전체의 지양을 요구하는 조건들을 이끌어내기 위해서였다. 따라서 위기이론은 체제 내재적이며 체재를 파괴하는 요소들을 담고 있다. — 마르크스주의적인 실천과 경제이론사에서 서로 분리된 채 표류하는 수용이 이 두 요소에서 기인하는 것이다.

실제적인 위기를 설명하기 위해, 마르크스는 항상 새로운 단초들로 위기의 "일반적인 가능성"[145] 을 탐구한다. "실제적인 위기Krisis는 오로지 자본주의적인 생산, 경쟁, 그리고 신용(크레디트)을 근거로 해서만 설명될 수 있다."[146] 그는 자본주의 위기에 대한 증상으로 추정된 원인들의 가면을 벗기기 위해 세부적인 설명을 제시했다. 신용 부족이 이른바 그러한 증상이다. 모든 재정 위기는 상품 — 돈 — 상품이라는 순환 과정 속에 편입되어 있다. 자유주의자들이 가정하는 구매와 판매의 균형은 결코 이루어질 수 없다. 오히려 순환이 통시적으로 왜곡되어 있는 것일 뿐이다. 생산 부문들이 서로 조율되어 있지 않을 뿐만 아니라, 상품과 자본의 순환도 서로 상응하지 않는다. "독립적인, 그러나 서로 침해하는 과정들이 내적인 통일을 이룬다는 것은 그것들의 내적 통일성이 외적 대립 속에서 운동하는 것과 마찬가지다. 내적 의존성의 외적 독립화가 서로 보완을 해가며 특정한 지점에 이르게 되면, 그 통일은 위기Krise를 통해서 강력한 힘을 얻게 된다."[147] 그렇다면 "위기란 서로 독립적인 생산 과정의 국면들이 강력해지는 통일 과정에 지나지" 않는다.[148] 경제적인 생산력의 발전을 증가시키고 세계 시장을 여는 데 도움을 주는 신용(크레디트)은 그 때문에 — 그것이 부족해지기 훨씬 전에는 — 기폭적인 요소들 가운데 하나다. 신용은 "그러한 모순의 강력한 폭발을, 즉 위기들을 촉진시키고 이를 통해 옛 생산 방식들을 해체시키는 요소들을 촉진시킨다."[149]

소비 저하 역시 그러한 일면 가운데 하나이다. 소비 저하는 이미 자본주의 이전 시대의 일상에 속해있던 것이기 때문에, 근대에서 발생한 과잉생산은 보다 더 중요한 역할을 한다. 과잉생산은 — 간단히 말하자면 — 항상 자본과 노동으로 이루어진 생산 과정의 결과물이다. 따라서 사회학적으로 볼 때, 유산계급에 의존한 무산계급의 생산물이다. 모든 위기는 "노동 위기Krisis인 동시에 자본 위기Krisis이다."[150] 이 둘의 관계는 이미 매우 다양한 방식으로 다루어졌다. 자본은 사회의 수요에 기반을 두고 생산하기보다는 단지 이익을 극대화하고자 하고, 시장에서 이익을 창출한다. 그러면 일단 노동이 창출한 부가가치로서의 가치를 착취한다. 생산과 매각과 분배가 시공간적으로 분리되어 있기 때문에 자본, 노동, 금융시장에서 공급과 수요의 불균형이 발생한다. 과잉생산은 자본 축적, 생산 분야에서의 투자와 현대화, 규모가 작은 공장에 대한 비용의 집중화, 생산성 증가와 관련해서 근로자 수를 줄이는 방법에 의해 조건 지어진다.[151] 따라서 향상된 생산력은 지불 불가능한 실업자들의 (산업) 예비 인력을 늘어나게 하고 시장을 마비시켜 궁극적으로 기업가의 이익을 낮추게 된다.

마르크스에 따르면, 위에서 제시된 간단한 설명들과 과정들의 체계적인 토대는 이미 리카르도가 발견한 "이윤율의 저하 추세 법칙을 형성한다. 착취 정도가 특정한 점 아래로 떨어지면, 자본주의적 생산 과정의 장애와 정체, 위기, 자본의 파괴가 불가피해진다."[152] 그러나 이런 추세가 전체적인 붕괴로 이끄는 것은 아니다. 마르크스는 그러한 "붕괴를 방해하는, 속도를 늦추는 그리고 부분적으로

마비시키는 반대 추세들"도 분석한다.[153] 그 결과 이른바 10년 주기의 리듬이, 즉 "평범한 정도의 생동감, 호황 국면, 과잉생산, 위기와 정체"라는 리듬이 다시 작동한다.[154] 이처럼 자본주의적 생산 방식은 항상 스스로 세운 장벽을 향해 돌진한다. "사회의 수요, 즉 사회적으로 발전한 인간들의 수요와 생산의 관계가 아니라 특정한 이윤율이 생산의 증가와 감소를 결정하기 때문이다."[155] 따라서 위기는 자본주의의 한계에 도달하는 추세를 표현할 뿐만 아니라, 그것을 극복하는 내재적인 계기들도 담고 있다. 그 한계란, 엥겔스의 말을 빌자면, "필연의 제국으로부터 자유의 제국으로의 인류의 도약"이 극복하는 한계이다.[156] 마르크스에 의해 조심스럽게 표현된 위기이론의 이중적인 가독성은 오늘날의 세계정세에 대한 경제학적인 그리고 역사철학적인 해석에도 계속 영향을 미치고 있다.

전망

위기 개념이 지니고 있는 의미의 다양성은 19세기 이후 양적으로는 상당히 널리 펼쳐졌지

만, 정확성이나 명확성과 관련해서는 얻은 것이 거의 없다. '위기'는 단지 몇몇 학문적인

맥락에서만 범주적 엄격함을 띠고 사용되는 표어로 남아있을 뿐이다.

CHAPTER VII

Ausblick

VII. 전망

●●●   위기 개념Krisenbegriff이 지니고 있는 의미의 다양성은 19세기 이후 양적으로는 상당히 널리 펼쳐졌지만, 정확성이나 명확성과 관련해서는 얻은 것이 거의 없다. '위기Krise'는 단지 몇몇 학문적인 맥락에서만 범주적 엄격함을 띠고 사용되는 표어로 남아 있을 뿐이다. 슘페터Schumpeter는 국민경제에서조차 이를 부정한다. 이 때문에 그는 "순환경기에 대한 분석에서 위기라는 표현에 어떤 기술적技術的인 의미도" 부여하지 않고 "단지 호황 국면과 불황 개념들에게만" 그런 의미를 부여했다.[157]

제1차 세계대전, 커다란 세계경제 위기, 그리고 제2차 세계대전 이후 문화 비판적인 글들과[158] 위기라는 타이틀로 제시된 글로벌한 세계 해석이 늘어났다. 폴 발레리Paul Valéry는 정신의 위기에 관한 에세이를 세 편 썼다. "군사적 위기가 끝난 지금 이제 경제적 위기가 위력을 떨치고 있다. 그러나 그보다 훨씬 섬세한 지성의 위기는 그 본질상 매우 알아차리기 어려운 모습을 띤다(그러한 위기는 은폐의 세계/위선의 왕국 그 안에서 일어나기 때문이다). 그렇기에 지성의 위기는 그 진정한 상태, 그 양상을 파악하기 힘들다. La crise militaire est peut-être finie. La crise économique est visible dans toute sa force; mais la crise intellectuelle, plus subtile, et qui, par sa nature même, prend les apparences les plus trompeuses (puisqu'elle se passe dans le royaume même de la dissimulation), cette crise laisse difficilement saisir vétitable point, sa phase."[159] 오르테가 이 가세트Ortega y Gasset는 기원전 1세기와 르네상스를 비교하면서 자기 소외와 냉소주의와 거짓 영웅주의와 흔들리는 확신, 수박 겉핥기식의 교육과 야만화로 특징지어지는 우리 세기의 위기를 해석하고자 했다. 근대 인간의 종말은 대중의 봉기와 함께 이루어졌다.[160] 이에 반해 후이징가Huizinga는 결정되지 않은 미래로의 길을 강조했다. 그는 "그것이 어떤 상태이든, 우리가 체험하고 있는 위기Krisis가 진보적인, 그리고 돌이킬 수 없는 과정의 한 단계라는 확신을 품고 있었다. 이것은 이전에 우리의 위기 의식에는 결코 존재하지 않았던 새로운 것이다."[161] 후설Husserl은 '위기Krisis'라는 주제를 역사철학적으로 확장했고, "유럽 학문의 위기"를 점점 더 드러나는 "유럽 인간성의 위기"에 대한 표현으로 이해했다. 이성의 계시를 따르는 그리스어 '목적Telos'은 데카르트 이후 주체-대상 간의 분리에 의해 점점 더 시야에서 사라져갔다. 사실을 추구하는 학문과 일상 세계 간의 틈을 다시 메우려는 것이 현상학의 과제이다.[162]

물론 이러한 종류의 시도는 이미 위기 개념이 지난 세기에 확장시킨 역사철학의 틀을 — 그것의 분석적인 특성과 무관하게 — 벗어날 수 없다. '위기Krisis'는 과도기로 해석되는 우리 시대의 새로움을 계속 입증해준다.

또 다른 변형은 부정신학에서 두드러진다. 세계 종말의 도입을 세계사에 의무화한 채 남아있는 이론 말이다. 리하르트 로테Richard Rothe가 이미 1837년에 말했듯이, 위기Krise는 세계에 내재하고 있는 지속적인 위기이다. "전全 기독교 역사 일반은 우리 세대의 거대한 지속적인 위기Krisis이다." 물론 로테는 여전히 그 위기를 진보적으로 파악한다.[163] 칼 바르트Karl Barth는 이 위기를 실존주의적으로 설명하기 위해 모든 목적론적인 배음들을 벗겨낸다. "신은 모든 대상성을 결여한 모든 위기의 근원이다, 세계의 심판관이며 비존재das Nicht-Sein이다. 그러나 소위 '구원의 역사'는 모든 역사의 지속적인 위기이지, 역사 안의 혹은 곁의 역사가 아니다."[164] '위기'는 자신의 종말적인, 그리고 과도기적인 의미를 대가로 치렀다 — 그것은 전적으로 (기독교적으로 파악된) 역사의 구조적인 범주가 되었다. 역사가 종말론을 독점했다.

모든 인문사회학에서 '위기Krise'라는 말은 중요한 개념으로 등장한다. 물론 역사학에서도, 시대나[165] 구조를[166] 표현하기 위한 중요한 개념으로 등장한다. 정치학은 그 개념을 명확히하고자 했고, 그것을 '갈등'과 구분했다.[167] 그 개념은 의학으로부터 시작하여 심리학과 인류학[168]과 인종학과 문화사회학[169]으로 확장되었다.

얼마 전부터 의학에서는 그 말을 과잉 사용한 기록이 있다. 간결한 표어들을 위해 '위기'가 기본 어미('Minikrise, Selbstwertkrise')나 접두어('Krisenstümper, Krisenkiller')로 기능하는 합성어가 2백 개가 넘게 만들어졌다. 'krisengeschüttert' 같은 형용사적 합성어는 젖혀두더라도 말이다.[170] '위기'는 연관을 필요로 하듯이 연관을 지을 능력이 있으며, 의미를 추구하듯이 의미를 규정한다. 이러한 이중성은 그 말의 모든 사용을 특징짓는다. '위기'라는 말은 그 의미가 상대적으로 애매해서 격앙된 분위기나 문제 상황들을 에둘러 표현할 수 있듯이 '소요', '갈등', '혁명' 등과 교체 사용이 가능하다. "불명확하다는 것은 오히려 환영할 일이다. 그러나 그럼에도 불구하고 그들은 가장 편리한 방식으로 만약의 대안적 해석을 위해 내용의 진술에 주의를 기울인다."[171] 그 개념이 이전에 가지고 있던, 추월될 수 없고, 강력하고, 교체 불가능한 대안들을 제시하는 힘은 임의의 대안들의 불확실성속으로 사라져버렸다. 이처럼 그 말의 사용 자체가 정확한 규정을 회피하는 역사적인 '위기'의 증상으로 해석될 수 있다. 그 개념이 전문용어로 사용될 수 있으려면, 학문은 그 개념을 측량해야 하는 도전에 직면해있다.

주석과 참고문헌에 사용된 독어 약어 설명

abgedr.(abgedruckt) = 인쇄된, 활자화된

Anm.(Anmerkung) = 주註

Art.(Artikel) = (사전 따위의) 항목, (법률의) 조條

Aufl.(Auflage) = (책의) 판(초판, 재판 등의)

Ausg.(Ausgabe) = (책의) 판(함부르크판, 프랑크푸르트판 등의)

Bd.(Band) = (책의) 권

Bde.(Bäde) = (책의) 권들

ders.(derselbe) = 같은 사람[저자](남자)

dies.(dieselbe) = 같은 사람[저자](여자)

Diss.(Dissertation) = 박사학위 논문

ebd.(ebenda) = 같은 곳, 같은 책

f.(folgende) = (표시된 쪽수의) 바로 다음 쪽

ff.(folgenden) = (표시된 쪽수의) 바로 다음 쪽들

hg. v. …(herausgegeben von …) = …에 의해 편찬된(간행자, 편자 표시)

Mschr. (Maschinenschrift) = (정식 출판본이 아닌) 타자본

Ndr. (Neudruck) = 신판新版, 재인쇄

o.(oben) = 위에서, 위의

o. J.(ohne Jahresangabe) = 연도 표시 없음

s.(siehe!) = 보라!, 참조!

s.v.(sub voce) = …라는 표제하에

u.(unten) = 아래에서, 아래의

v.(von) = ……의, ……에 의하여

vgl.(vergleiche!) = 비교하라!, 참조!

z. B.(zum Beispiel) = 예컨대, 예를 들자면

zit.(zitiert) = (……에 따라) 재인용되었음

참고문헌

André Béjin/Edgar Morin, la notion de crise, *Centre d'études transdisciplinares.*
Sociologie, anthroplogie, sémiologie. Communicatons, t. 25 (1976)

Friedrich Buchel/Volkmar Herntrich, Art. Krino, Krisis, *Kittel Bd.* 3(1938), 920ff.

Reinhart Koselleck, *kritik und Krise. Eine Studie zur Pathogenese der buergerlichen Welt*
   (Freiburg, Münschen 1959; Ndr. Frankfurt 1973)

Nelly Tsouyopoulos, *Art. Krise II, Hist. Wb. d. Philos.*, Bd. 4 (1976), 1240 ff.

Gehard Masur, Art. Crisis in History, dictionary of the History of ideas. Studies of
   selected Pivotal Ideas, ed. Philip H. Wiener, vol. 1 (New York 1973), 589 ff.

주석

1 Thukydides, *Hist.* 1, 23.

2 Aristoteles, *Pol.* 1289b, 12.

3 Ebd. 1253a, 35.

4 Ebd. 1275b, 1 ff.; 1326b 1 ff.,

5 Apostelgesch. 23, 3.

6 Matth. 10, 15; 12, 36; 25, 31 ff.

7 Röm. 14, 10.

8 Matth. 25, 31 ff.

9 Joh. 3, 18 ff.; 5, 24; 9, 39.

10 Fridriech Buchsel/Volkmar Hentrich, Art. Krino, Krisis, krittel Bd. 3 (1938), 920
ff.; Rudolf Bultmann, *Theologie des neuen Testaments*, 7. aufl., hg. v. Otto
Merk(Tübingen 1977), 77 ff.;―zu Johannes vgl. ebd., 385 ff.;이에 대한 비판:
Josef Blank, *Crisis. Untersuchungen zur johanneischen Christologie und Eschatologie*
(Freiburg i. B.1964).

11 Nelly Tsouyopoulos, Art. Krise II, Hist. Wb. d. Philos., Bd. 4 (1976), 1240.

12 Théophile de Bordeu, Art. crise, *Encyclopédie*, t. 4(1754), 471 ff.

13 의학에서의 위기 개념과 관련해서는 Tsouyopoulios, Art. Krise II, 1240ff.; 19세
기 이후 위기 개념의 심리학과 인류학 분야로의 전이에 관해서는 U. Schöpfling,
Art. Krise III, *Hist. Wb. d, Philos.*, Bd. 4, 1242ff.

14 '위기Κρίσις' 개념의 신학적 사용의 영향사는 여전히 탐구되어야 할 대상으로 남
아있다. 에라스무스에 의한 신약의 그리스어 판 편찬 이래 그것에 대한 추측은
가능하다. 당연히 근대 역사철학의 탄생에 영향이 없지 않다.

[15] FEW Bd. 2/2 (1946), 1345, s. v. crisis.

[16] Murray vol. 2 (1988), 1178, s. v. crisis; ebd., 1180, s. v. critic.

[17] Duden, Etym. (1963), 371, s. v. Krise.

[18] Sir B. Rudyerd, hist. coll., vol. 1 (1659), zit. Murray. 2, 1178, s. v. crisis.

[19] R. Baille, Letters, vol. 2 (1841), zit. ebd., 1178, s. v. crisis.

[20] Richard Steele, The Crisis or, a Discourse Representing ......the Just Causes of the Late Happy Revolution...... with some Reasonable Remarks on the Danger of a Popish Succession (London 1714).

[21] Furetière t. 1 (1690; Ndr. 1978), s. v. crise.

[22] Vgl. Brunot t. 6/1 (1966), 44f.

[23] Leibniz, Konzept eines Briefes an Schleinz (23. 9. 1712), *Leibniz' Russland betreffender Briefwechsel u. Denkschr.*, hg. v. Wladimir Iwanowitsch Guerrier, Tl. 2(Petersburg, Leibzig 1873), 227 f.; vgl. Diester Groh, *Russland und das Selbstverstendnis Europas* (Neuwied 1961).

[24] Stieler, Zeitungs-Lust (1695), 192, s. v. crise; Hübner (Aufl. 1739), 570, s. v. Crisis; ebd. (Aufl. 1742), 312, s. v. Crisis; Zedler Bd. 6 (1733), Art. Crisis; Sperander (1727), 171, s. v. Crisis naturae.

[25] Hübner, Handlungslex. (Aufl. 1731), 560, s. v. Crisis; Jablonski 2. Aufl., Bd. 1 (1748), 252, s. v. Crisis; ebd., 3. Aufl., Bd. 1(1767), 345, s. v. Crisis; De Bordeu, Art, Crise (s. Anm. 12), 471 ff.; Enc. méthe., t. 5 (1792), 202 ff., Art. Crise; Brockhaus 5. Aufl., Bd. 2 (1820), 870, Art. Crisis; Allg. dt. Conv. lex., Bd 6 (Ndr. 1840), 262, Art. Krisis.

[26] Brockhaus 11. Aufl., Bd. 9 (1866), 83 f., Art. krisis.

[27] Zedler Bd. 6, 1652, Art. Crisis; vgl. Pomey, Grand Dict. Royal, 5 éd., Tl. 1(1715), 240, s. v. crise; Sperander (1727), 171, s. v. Crisis naturae.

[28] Heinse Bd. 1 (1793), 63, s. v. Crisis; Brockhaus 10. Aufl., Bd. 9 (1853), 227 ff.,

Art. Krisis.

29 Vgl. Adelung Bd. 1 (1774); ebd., 2. Aufl., Bd. 1 (1793); Rotteck/Welcker Bd. 1(1834); Bluntschuli/brater Bd. 2 (1857)—überall fehlen die Art. "Krise"/"Crisis."

30 Pomey, Grand Dict. Royal, 5 éd., Tl. 1, 240, s. v. Crise,—격언적인 라틴어 표현은 리비우스 8,8, 11에서 유래한 것임.

31 Johson vol. 1 (1755), s. v.Crise.

32 Alletz (1770), 93, s. v. Crise.

33 Kuppermann (1792), 131, s. v. Crisis; Heinse Bd. 1, 63, s. v. crise.

34 beyschlag 2. Aufl. (1806), s. v. crise.

35 Oertel 2. Aufl., Bd. 1 (1806), 461, s. v. crise.

36 Campe, Fremdwb., 2. Aufl. (1813; Ndr. 1970), 239, s. v. Crise, Crisis.

37 Heyse 15. Aufl., Bd. 1 (1873) 513, s. v. Krisis oder Krise.

38 Brockhaus 9. Aufl., d. 8(1845) 399, s. v. Krisis; Pierer 2. Aufl., Bd. 16(1845),467, Art. krise.

39 Enc. des gens du monde, t. 7(1836), 257 ff., Art. crise commerciale, crise(médecine).

40 Wilhelm Roscher, Art. Produktonskrisen, Brockhaus, Gegenwart, Bd. 3(1849), 721 ff.

41 Bluntschli/Brater Bd. 6 (1861), 51 ff., Art. kredit; Pierer 4. Aufl., bd. 7 (1859), 946, Art. Hamdelskrisis; ebd., 7 Aufl., Bd. 7 (1890), 67 f., Art. Handleskrisis; Brockhaus 14. Aufl., Bd. 8 (1898), 743, Art. Handelskrisen; ebd., 15. Aufl., Bd. 10(1931), 632, Art. Krise.

42 Vgl. Pierer 2. Aufl., Bd. 16, 467, Art. Krise. 여기에는 단지 정치학적인 확장만 기록되어 있다. 경제학적인 확장은 기록되어 있지 많다.

43 Grimm Bd. 5 (1873), 2332, s. v. Krise.

44 Friedrich D. Grosse, *Historie de mon temps* (1775), Oeuvres, éd. Johann David

Erdmann preuss, t. 2 (Berlin 1846), 66.

[45] Ders. an Heinrich Graf Podewils, 29. 3. 1745, *Politische Corrspondenz Friedrichs d. Grossen*, hg. v. Johan Gustav Droysen, Max Duncker, Heinrich v. Sybel, Bd 4. (Berlin 1880), 96.

[46] Ders., Gespräch mit Heinrich de Catt, 20. 6. 1758, Unterhaltungen mit Friedrich d. Grossen. *Memoiren und Tagebücher von H. v. Catt*, hg. v. Reinhold Koser (Leipzig1884), 107: Mon frère partit pour Dresde et quitta l'armée; sans doute, dans le mment de crise ou je me trouvais.

[47] Johann Jacob Schmauss, *Die Historie der Balance von Europa* (Leipzig 1741), Bl. 2;→ Gleichgewicht, Bd. 2. 960.

[48] Deutscher Fürstenbund. Vertrag zwischen den Churfürsten von Sachsen, Brandenburg und Brauschweig–Lüneburg (23. 7. 1785), abgedr. Ellinor v. Puttkamer, *Föderative Elemente im deutschen Staatsrecht seit 1648* (Göttingen, Berlin, Frankfurt 1955), 53.

[49] August Ludwig Schlözer, Anarchie von Genf, Staatanzeigen 1 (1782), 462.

[50] Wieland, Sendschreiben an herrn Professor Eggers in Kiel (Jan. 1792), SW Bd. 31(1857), 162.

[51] Christian Friedrich Scharenweber an Hardenberg, 20. 11. 1820, zit. Einleitung d. Hg., *Preussische Reformen 1807–1820*, hg. v. Barbara Vogel (Königstein/Ts. 1980), 20, Anm. 30.

[52] Karl Friedrich Graf v. Reinhard an den König v. Westfalen, Okt. 1813, abgedr. Goether und Reinhard. *Briefwechsel in den Jahren 1807–1832*, hg. v. Otto Heuschele(Wiesbaden 1957), 443; ders. an Goether, 16. 1. 1819, ebd., 227.

[53] Carl v. Clauswitz, Umtriebe (1819/23), *Polit. Schr. u. Br.*, hg. v. hans Rothfels München 1922), 192.

[54] Frh. vom Stein, Denkschrift aus prag (Ende August 1813), *Ausg. polit. Br. u.*

Denkschr., hg. v. Erich Botzenhart u. Gunther ipsen (Stuttgart 1955), 333.

[55] Schiller, Resignation. eine Phantasie (1781/84), SA Bd. 1(o. J.), 199. Vgl. →Geschichte, Bd. 2, 667 f.─ 역사적인 지속 ─ 범주로서의 '위기'에 대한 보다 이른, 비록 진보적인 배음과 함께이지만, 자료는, Möser의, Patriotische Phantasien (1977), SW Bd. 6 (1943), 81가 존재한다; 한 민족을 위대하게 만들기 위해서는 "그 민족을 근면하게 해야 그러한 지속적인 위기Krisis 속에서 길러야 한다. 항상 전력을 기울여야 하고 이를 통해 세계에 선을 증가시킬 수 있는 위기Krisis 속에서 말이다."

[56] Rousseau, *Émil ou de l'éducation* (1762), Oeuvres compl., t. 4 (1969), 468.

[57] 위기 개념의 탈신학화 초기 단계는 몽테스키외가 제시한다. Montesquieu, *Lettres persanes*, Nr. 39 (1721), Oeuvres compl., t. 1 (1964), 187, 모하메드=예수의 탄생에 대한 보고를 반어적으로 의역할 때 "내가 보기에는…… 특별한 사람들의 탄생을 준비하는 눈부신 징조가 항상 있어 왔다. 자연은 우주가 부단한 노력으로 생산하는 위기와 같은 것을 고통스러워 했다. …… 왕권이 뒤집혔고 사탄이 바다 깊은 곳으로 던져졌다. Il me semble,……qu'il y a toujours des signes éclatnts, qui préparent à la naissance des hommes extraordinaires; comme si la nature souffrait une espèce de crise, et que la Puissance céleste ne produisît qu'avec effort…… les trônes des rois furent renversés; Lucifer fut jeté au fond de la mer."

[58] Vgl. Rousseau, Contrat social 2, 10 (1762), Oevres compl., t. 3 (1966), 390. 여기서 문제는 공동체가 건립되는 동안의 위기의 기간terms de crise이다. ebd. 4, 6 (p.458). 여기서는 독재에 이르는 위기crise가 다루어지고 있는데, 그 기간 동안 해방과 몰락이 결정된다. 루소는 그 두 개념들을 아직은 분리해서 사용하고 있다. ebd. 2, 8 (p. 385). 혁명과 국가의 내전을 명시적으로 개인 건강의 위기와 비교하면서 말이다: 이 둘 다 부활에 이를 수 있다.

[59] Denis Diderot an Furstin Daschkoff, 3. 4. 1771, Oeuvres compl., éd. jean Assézat et Maurice Tourneux, t. 20 (Paris 1877), 28.

[60] Ders., Essay sur les régnes de Claude et de Néro (1778), ebd., t. 3 (1875), 168f.

[61] 민주주의 소요의 시기, 유니우스Junius는 1769년에 신학적인 차원에서 역사적인 차원으로의 전환을 분명히 해주는 구절로 자신의 편지를 맺는다. "신의 섭리의 즉각적인 개입에 의해 우리가 공포와 절망이 가득한 위기로부터 벗어나는 것이 가능하다면, 후대들은 우리의 역사를 믿지 못할 것이다. If by the immediate interpositon of providence, it were possible for us to escape a crisis so full of terror and dispair, posterity will not believe the history of the present times, Junius, including letters by the same writer……", 21. 1. 1769, ed. John Wade, vol. 1 (London 1850), 111. 1775/76이래 "위기"라고 불리는 팸플릿의 증가와 관련해서는 vgl. Thomas Paine, *The Writings*, ed. Moncure Daniel Conway, vol. 1 (New York 1902; Ndr. New York 1969), 168., Introduction.—프랑스 참전으로 인한 침공의 위협하고 있을 때, Lord Chancellor는 1779년에 "이 세기가 알고 있던 모든 위기보다 더 두려운 위기에 대해 이야기했다. a crisis more alarming than this country had ever known before", zit. Herbert Buttefield, George III., Lord North, and the people, 1779~1780 (London 1949), 47.

[62] Paine, *The Crisis*, Nr. 1 (23. 12. 1776), Writings, vo. 1, 170.

[63] Ders. *The Crisis*, Nr. 13 (19. 4. 1783), ebd., 370.

[64] Ders., *The Rights of Man* (1791), ebd., vol. 2 (1906; Ndr. 1969), 283.

[65] Edmund Burke, *Reflections on the Revolution in France* (1790), ed. A. J. Grieve (London 1950), 8.

[66] Ders., *Thoughts on French Affairs* (1791), ebd., 287.

[67] François René Vicomte de Chateaubriland, *Essai historique, politique et moral sur les révolutions anciennes et modernes* (1797), Oeuvres compl., t. 1 (Paris 1843), 248.

[68] Claude—Henri de Saint—Simon, *Du système industriel* (1824), oeuvres, éd. E. Dentu, t. 3 (Paris 1869; Ndr. Paris 1966), 3. Vgl. Nicolaus Sombart, *Vom Urpsrung der Geschichtssoziologie*, Arch. f. Rechts—u. Sozialphilos. 41 (1955), 487.

[69] Auguste Comte, Cours de philosophie positive, t. 2: *Discours sur l'esprit positif* (1844), zweisprachige Ausg., hg. v. Iring Fetscher (Hamburg 1956), 124 f. 106.

[70] Herder, *Auch eine Philosophie der Geschichte zur Bildung der Menschheit* (1774), SW Bd. 5 (1891), 589.

[71] Isaac iselin, *Philosophische Mutmassungen über die Geschichte der menschheit* (1764/70), 5. Aufl., Bd. 2 (Basel 1786), 380.

[72] Herder, *Briefe zu Beförderung der Humanität.* Anhang: zurückbehaltene und "abgeschnittene" Briefe (1792/97, SW Bd. 18 (1883), 331→ Entwicklung, Bd. 2, 206.

[73] Görres, *Rothes Blatt* (1798), Ges. Schr., Bd. 1 (1928), 169. 164f.; ders., Ruebezahl (1798), ebd., 318 ff. 1819년에 괴레스는 — 1799년 자신의 정치적인 전향 이후 — 혁명을 경고하기 위해 위기 개념을 사용한다. 자연이 치유 능력이 마비되지 않도록 하기 위해 병자를 무아경에 빠지게 하듯이 "그런 격동기에 병이 실제로 강력한 위기로 자라게 될 경우 대중이 미치게 된다." ders., *Teutschland und die Revolution* (1819), ebd., Bd. 13 (1929), 100. 지금까지의 모든 예들이 보여주듯이, 혁명은 순환형태로 그 단계들을 급히 통과한다. 이 때문에 자유로운 신분제도를 통해 혁명보다 선수를 치는 것이 더 낫다; 라인란드에서 추방되는 결과를 초래한 테제.

[74] Friedrich v. Gentz, Über den ewigen Frieden (1800), abgedr. Kurt v. Raumer, *Ewiger Friede. Friedensrufe und Friedenspläne seit der Renaissance* (Freiburg, München (1953), 492. 294.

[75] Schleiermacher, *Über die Religion. Reden an die Gebildeten unter ihren Verächtern* (1799), GW 1. Abt., Bd. 1 (1843), 437.

[76] Novalis, *Die christenheit or Europa* (1799), GW 2. Aufl., Bd. 3 (1968), 524.

[77] Friedrich Schlegel, Über das Studium der griechischen Poesie (1810/11), SW Bd. 1 (1979), 356. 그리고 17세기 영국에서의 사용, ders., *Über Fox und dessen Nachlass*

(1810), ebd., Bd. 7(1966), 116.

[78] Ders., *Vorlesungen über Universalgeschichte* (1805/06), ebd., Bd. 14 (1960), 252.

[79] Ders., *Philosophie der Geschichte* (1828), ebd., Bd. 9 (1971), 227.

[80] Ders., *Signatur des Zeitalters* (1820/23), ebd., Bd. 7, 534.

[81] Ernst Moritz Arndt, *Geist der Zeit* (1807), Werke, hg. v. August Leffson u. Wihelm Steffens, Bd. 6 (Berlin, Leipzig, Wien, Stuttgart o. J.), 47.

[82] Arnold Mallinckrodt an Ludwig v. Vinke, 16. 11. 1814, abgedr. Hans Joachim Schopeps, Brief an Ludwig v. Vinke, Westfalen. Hefte f. Gesch., *Kunst u. Volkskunde* 44(1966), 268.

[83] Schlegel, *Signatur des Zeitalters*, 517.

[84] Brockhaus, CL Gegenwart, Bd. 2 (1839), 1181, Art. Junges Deutschland.

[85] Bruno Bauer, Rez. v. Schr. über Strauss "Leben Jesu", Jbb. f. wiss. Kritik 1(1837), 325, zit. Horster Sturke, *Philospohie der tat. Studien zur "Verwirklichung der Philosophie" bei den Junghegelianern und den wahren Sozialisten* (Stuttgart 1963), 131.

[86] Clemens Theodor Perthes, *Friedrich Perthes' Leben nach dessen schrftlichen und mündlichen Mitteilungen*, 6. Aufl., Bd. 2 (Gortha 1872), 176.

[87] Ebd., Bd. 3 (1872), 241

[88] Ebd., 259.

[89] Ebd., 351.

[90] Ebd., 343.

[91] Bbd., 455.

[92] Hermann v. Beckerath an seine Familie, 26. 6. 1847, abgedr. *Rheinische Briefe und Akten zur Geschichte der politischen Bewegung 1830-1850*, hg. v. Joseph Hansen, Bd. 2 (Bonn 1942), 288.

[93] Friedrich Kapp an seinen Vater, 7. 5. 1848, abgedr. ders., *Vom radikalen*

Frühsozialismus der Vormärz zum liberalen Parteipolitik des Bismarchreiches, Briefe 1843-1884, hg. v. Hans—Ulrich Wehler (Frankfurt 1969), 55.

[94] Helmuth v. Molke an seine Mutter, 3. 8. 1848; ders. an seinen Bruder Adolf, 17.11. 1848; ders., an seinen Bruder Ludwig, 21. 3.1850, *Ges. Schr. u. Denkwürdigkeiten*, Bd. 4 (Berlin 1891), 122. 129. 142.

[95] Constantin Frantz, *Loius Napoleon* (1852), Ndr. d. Ausg. v. 1933 (Darmstadt 1960), 34.

[96] Ebd., 54.

[97] Ebd., 16.

[98] Ebd., 76

[99] 로미에우Romieu는 이미 1850년에 '위기' 개념의 이와 유사한 다중적인 사용을 이용해서 독재를 요구했다. 그의 전제는 "19세기는 정초된 어떤 지속적인 것도 보지 못하게 될 것이다"라는 것이다. Auguste Romieu, *Der Cäsarismus oder die Notwendigkwit der Säbelherrschaft, dasgetan durch geschichtliche Beispiele von den Zeiten der Cäsaren bis auf die Gegenwart* (1850), dt. nach der 2. franz. Aufl. (Weimar 1851), 7. 47. 59. 79.

[100] Maximilian Harden, Kamarilia, *Die Zukunft* (1896), zit. Jürgen W. Schäfer, *Kanzlerbild und Kanzlermythos in der Zeit des "Neuen Curses"* (Paderborn 1973), 46; 여기에는 그 말의 사용에 대한 의미론적 분석도 들어있다. Bismarck an Kaiser Franz Joseph, 26. 3. 1890., FA Bd. 14/2 (1933), 999: 내부에서 우리에게 임박해있는 것 같은 위기Crisen에 직면해서 그는 자의로 물러서지 않았다.

[101] Vgl. Stuke, Philosophie der Tat, passim; Kurt Röttgers, *Kritik und Praxis* (Berlin, New York 1975), 165 ff.

[102] Arnold Ruge, *Die Zeit und die Zeitschrift* (1842), zit. Röttgers, *Kritik und Praxis*, 238.

[103] B. Bauer, *Die gute Sache der Freiheit und meine eigene Angelegenheit* (1842), zit.

Stuke, Philosophie der Tat, 174.

[104] Gustav v. Mevissen, *Über den allgemeinen Hülfs-und Bildungsverein* (1845), abgedr. J. Hansen, G. v. mevissen, d. 2: *Abhandlungen, Denkschriften, Reden und Briefe* (Berlin 1906), 129.

[105] Lorenz v. Stein, *Geschichte der sozialen Bewegung in Frankreich von 1789 bis auf unsere Tage* (1850), Ndr. hg. v. Gottfried Salomon, Bd. 3 (München 1921; Ndr. Darmstadt 1959), 208 ff.

[106] Johan Gustav Droysen, Zur Charakteristik der europäischen Krisis (1854), *Polit. Schr.*, hg. v. Felix Gilbert (München, Berlin 1933), 328.

[107] Ebd., 341; vgl. ebd., 323 ff.

[108] Ebd., 332.

[109] Ebd., 330.

[110] Jacob Burckhardt, Weltgeschichtlicher Betrachtungen. *Über geschichtliches Studium* (um 1870), GW Bd. 4 Basel, Stuttgart 1970)

[111] Theodor Schieder, Die historischen krisen im Geschichtsdenken Jacob Burckhardts (1950), in : ders., *Begegnungen mit der Geschichte* (Göttingen 1962), 129 ff.

[112] Burckhardt, Weltgeschichtliche Betrachtungen, 117.

[113] Ebd., 138. 122.

[114] Ebd., 120. 139. 147

[115] Ebd., 129. 122. 146.

[116] Ebd., 122.

[117] Ebd., 150.

[118] Ebd., 132 f.

[119] Nietzsche, *Ecce homo. Wie man wird, was man ist* (1888), Werke, Bd. 2 (1956), 1152 f.

[120] Nachweise bei Jürgen Kuczynski, *Die Geschichte der zyklischen Überproduktionskrisen in Deutschland 1825-1866* (Berlin 1961), 40 ff. 43 ff.

[121] Perthes, *Perthes' Leben* (s. Anm. 86), Bd. 3, 385.

[122] Barthold Georg Niebuhr, zit. ebd., 287.

[123] Kuczynski에 있어서의 자료, *Lage der Arbeiter*, Tl. 1, Bd. 11, 43 ff.

[124] Ebd., 42. 47 für 1825; ebd., 66 für 1836; ebd., 91 für 1848; ebd., 132 ff. füer 1856.

[125] Roscher, Art. Produktionskrisen (s. Anm. 40), 727 f. 740.

[126] Jahresbericht der Handelskammer Köln (1837), zit. Kuczynsli, *Lage der Arbeiter*, Tl. 1, Bd. 11, 69; vgl. ebd., 42. 100. 110. 132.

[127] Memorandum des Leiters des königlichen Seehandlungsinsituts Christian Rother (3. 4. 1837), zit. ebd., 7, Anm.

[128] Friedrich Harkort, *Bemerkungen über die hindernisse der Civilisation und Emancipation der unteren Klassen* (Elberfeld 1844), 23 f.; vgl. J. Kuczymski, *Die Geschichte der Lage der Arbeiter unter dem Kapitaalismus*, Tl. 1, Bd. 9: Bürgerliche und halbfeudale Literatur aus den Jahren 1840 bis 1847 zur lage der Arbeiter. *Eine Chrestomathie* (Berlin 1960), 127.

[129] Karl Quentin, *Ein Wort zur Zeit der Arbeiterkoalisationen* (1840), zit. Kuczynski, *Lage der Arbeiter*, Tl. 1, Bd. 9, 185.

[130] Henrik Steffens, *Was ich erlebte. Aus der Erinnerung niedergeschrieben* (1844), zit. Manfred Riedel, Vom Biedermeier zum Maschinenzeitalter, *Arch. f. Kulturgesch.* 43 (1961), 103.

[131] Vgl. Kuczynski, *Lage der Arbeiter*, Tl. 1, Bd. 9, 47. 90. 94. 127. 160 ff. 185.

[132] W. Roscher, *System der Volkswirtschaft, Bd. 1: Die Grundlagen der Nationalökonomie* (Stuttgart, Tübingen 1854), 36; vgl. J. Kuczynski, Die Die *Geschichte der Lage der Arbeiter unter dem Kapitalismus*, Tl. 1, Bd. 10: *Die Geschichte der Lage der Arbeiter*

in Deutschland von 1789 bis zur Gegenwart (Berlin 1960), 36.

[133] Konsul Adae aus den USA an das Ministerium der auswärtigen Angelegenheiten (26. 3. 1856), zit. J. Kuczynski, *Die Geschichte der Lage der Arbeiter unter dem Kapitalismus*, Tl. 2, Bd. 31: Die Geschichte der Lage der Arbeiter in England, in den Vereinigten Staaten von Amerika und in Frankreich (Berlin 1968), 30.

[134] Otto Michaelis, Die Handelskrisis von 1857 (1858/59), *Volkswirtschaftliche Schr.*, Bd. 1 (Berlin 1873), 240 f.; vgl. Kuczynski, *Lage der Arbeiter*, Tl. 1, Bd. 11, 111.

[135] Max Wirth, *Geschichte der Handelskrisen* (Frankfurt 1858).

[136] Eugen v. Bergmann, *Die Wirtschaftskrisen. Geschichte der nationalökonomischen Krisentheorien* (Stuttgart 1895; Ndr. Glashütten/Ts., Tokyo 1970)

[137] Julius Wolf, *Sozialismus und kapitalistische Gesellschaftsordnung* (1892), zit. Bergmann, *Wirtschaftskrisen*, 232 f.

[138] Wilhelm Lexis, Art. Krisen, Wb. d. Volkswirtsch., Bd. 2 (1898), 122.

[139] Engels, *Umrisse zu einer Kritik der nationalökonomier* (1844), MEW Bd. 1 (1956), 516.

[140] Marx/ders., *Manifest der Kommunistischen Partei* (1848), ebd., Bd. 4 (1959), 467.

[141] Engels an bebel, 30. 3. 1881, MEW Bd. 35 (1967), 175; 그 밖의 다른 자료는 Rudolf Walther에서⋯⋯ "그러나 노아의 홍수 이후 우리 그리고 단지 우리만 왔다." "Zusammenbruchstheorie", Marxismus und politisches Defizit in der SPD 1890~1914 (Frankfurt, Berlin, Wien 1981), 11.

[142] Marx/Engels, Revue. *Mai bis Oktober* (1850), MEW Bd. 7 (1960), 440.

[143] Ders. an Marx, 15. 11. 1857, ebd., Bd. 29 (1963), 211 f.; vgl. dazu Peter Stadler, Wirtschaftskrise und Revolution bei Marx und Engels. Zur Entwicklung ihres Denkens in den 50er jahren, *Hist. Zs.* 199 (1964), 113 ff.

[144] Trent Schroyer, Marx's Theory of the Crisis, *Telos* 14 (1972), 106 ff.

[145] Marx, *Theorien über den Mehrwert*, Bd. 2 (1861/63), MEW Bd. 26/2 (1967), 512; vgl. ders., *Das Kapital. Kritik der politischen Ökonomie*, Bd. 1 (1867), MEW Bd. 23 (1952), 128.

[146] Ders., *Theorien über den Mehrwert*.

[147] Ders., *Kapital*, Bd. 1, 127 ff.

[148] Ders., *Theorien über den Mehrwert*, Bd. 2, 510.

[149] Ders., *Das Kapital. Kritik der politischen Ökonomie*, Bd. 3 (1894), MEW Bd. 25 (1952), 457.

[150] Ders., *Theorien über den Mehrwert*, Bd. 2, 516.

[151] Ders., *Kapital*, Bd. 1, 662.

[152] Ebd., Bd. 3, 221 ff. 266.

[153] Ebd., 249.

[154] Ebd., Bd. 1, 476.

[155] Ebd., Bd. 3, 269.

[156] Engels, *Herrn Eugen Dührings Umwälzung der Wissenschaft. "Anti-Dühring"* (1878), MEW Bd. 20 (1962), 264.

[157] Joseph A. Schumpeter, Konjunkturzyklein. *Eine theoretische, historische und statische Analyse des kapitalistischen prozesses* (1939), hg. v. Klaus Dockhorn, Bd. 1 (Göttingen 1961), 11; ders., *Business Cycles. A theoretical, Historical, and Statistical Analysis of the Capitalist process*, vol. 1 New York, London 1939), 5: We shall not give ant technical meaning to the term crisis but only to prosperity and depression.

[158] Vgl. z. B. Ehrenfried Muthesius, *Ursprünge des modernen Krisenbewusstseins* (München 1963).

[159] Paul Valéry, La crise de l'esprit (1918), *Variété*, t. 1 (Paris 1924), 15.

[160] José Ortega Y Gasset, *Das Wesen geschichtlicher Krisen*, dt. v. Fritz Schalk (Stuttgart, berlin 1943); zuerst 1942 u. d. T. "La esquema de las crisis y otros essayos."

[161] Johan Huizinga, *Im Schatten von Morgen. Eine Diagnose des kulturellen Leidens unserer Zeit* (1935), dt. v. Werner Kaegi, 3. Aufl. (Bern, Leipzig 1936), 18.

[162] Edmund Husserl, *Die Krisis der europäischen Wissenschaften und die transzendentale Phänomenologie* (1935/36), hg. v. Walter Biemel, 2. Aufl. (Den haag 1962), 10.

[163] Richard Rothe, *Die Anfänge der christlichen Kirche und ihre Verfassung* (1837), zit. Peter Meinhold, *Geschichte der kirchlichen Jistoriographie*, Bd. 2 (München, Freiburg 1967), 221.

[164] Karl Barth, *Der Römerbrief* (1918), 9. Ndr. d. 5. Aufl. (1926; Zollikon−Zürich 1954), 57. 32.−Zur katholischen Verwendung vgl.Harald Wagner, rise als Problem katholischer Institutionalität, in: *Traditio-Krisis-Renovatio, Fschr. Winfried Zeller*, hg. v. Bernd Jaspert u. Rudolf Mohr (Marburg 1976), 463 ff.

[165] Paul Hazard, *La crise de la conscience européenne 1680-1715* (Paris 1935).

[166] Christian Meier, *Res publica amissa* (Wiesbaden 1966), 201 ff., 여기서 기원전 1세기의 로마가 "대안 없는 위기"로 해석되었다.

[167] Herrschaft und Krise. *Beiträge zur politikwissenschaftlichen Krisenforschung*, hg.v. Martin Jänicke (Opladen 1973).

[168] Schöpflug, Art. krise III (s. Anm. 13), 1242 ff.

[169] Mattias Laubscher, Krise und Evolution. Eine kulturwissenschaftliche Theorie zum Begriff 'Krisenkult', in: *Gottesvorstellung und Gesellschaftsentwicklung*, hg. v. Peter Eicher (München 1979), 131 ff.

[170] Renate Bebermeyer, "Krise"−Komposita−verbale Leitfossilien unserer Tage, Muttersprache. Zs. z. *Pflege u. Erforschung d. dt. Sprache* 90 (1980), 189 ff.

[171] Ebd., 189

찾아보기

코젤렉의
개념사 사전 6
계몽
**Auf
klä
rung**

코젤렉의 개념사 사전 11 — 위기

⊙ 2019년 5월 12일 초판 1쇄 인쇄
⊙ 2019년 5월 19일 초판 1쇄 발행
⊙ 글쓴이   라인하르크 코젤렉
⊙ 엮은이   라인하르트 코젤렉·오토 브루너·베르너 콘체
⊙ 기 획   한림대학교 한림과학원
⊙ 옮긴이   원석영
⊙ 발행인   박혜숙
⊙ 책임편집   김 진
⊙ 펴낸곳   도서출판 푸른역사
    우 03044 서울시 종로구 자하문로8길 13
    전화: 02)720-8921(편집부) 02)720-8920(영업부)
    팩스: 02)720-9887
    전자우편: 2013history@naver.com
    등록: 1997년 2월 14일 제13-483호
ⓒ 한림대학교 한림과학원, 2019

ISBN   979-11-5612-136-7 94900
세트   979-11-5612-141-1 94900